U0458087

30堂家长必修课

让孩子面向未来

30堂家长必修课

陈美龄 著

上海三联书店

用笑容
对待每一个难题

① 三个儿子的感情一直很好
② 一家人一起旅行，是最幸福的时光。

① 和大儿子和平
② 和二儿子升平
③ 协平在北大做交换生时来援场妈妈的
新书发布会

① 和“好妈妈”尹建莉对话教育话题
② 作客“今晚我们谈书”节目

① 与〝成功教育〞提倡者刘京海校长对谈
② 接受〝一条〞专访
③ 在〝光的书店〞

①②　③

① 、② 妈妈们都很认同美龄的教育理念
③ 在南京 "先锋书店" 讲座

① "新时代全人教育与家长的参与"讲座
② 场场爆满的分享会
③ 在"国际教育创新大会"上发言

来采访的记者关注美龄许多年

二十年后，孩子将面对怎样的世界

大家好，我是陈美龄。

我是一个歌手、一个作家，也是大学教授，更是三个儿子的妈妈。

三个儿子都考上了美国斯坦福大学，令我的教育理论受到关注。我并不是强迫孩子做学霸，而是重视用儿童心理学和教育学的理论去理解孩子们，辅助他们达成梦想。

每一个当父母的人，都希望自己的孩子有一个快乐健康的成长期，更希望他们长大后能自力更生，贡献社会，享受人生。

可是在这个变化异常快速的现代社会中，做家长真的不容易，不但要面对眼前的问题，而且要有远见，看到二十年后的社会，才可以培养孩子做一个成功的"未来人"。社会变化迅猛，技术的进步令我们无法对未来有具体的想象。我们必须帮助孩子面对难以预计的新时代，鼓励他们拥抱未来和创造未来。

所以培养孩子成为拥有强大自我驱动力、适应力、抗挫力、理解力的人是非常重要的。他们不但要愿意接受转变，而且要能享受转变。不但要接受失败，而且能把失败变为经验和成功之母。

我们更需要锻炼子女成为一个不会被机器取代的人。也就是说，他们要有能与时并进的创新想法，也要拥有人类本身纤细的感情和自由的思想。

我们时常听到家长要孩子"赢在起跑线"。

为了"赢在起跑线"，父母让年幼的孩子们上兴趣班，参加智慧学习，希望他们可以比其他孩子学习得快一点，好一点。

其实，要"赢在起跑线"不是这么简单。

孩子的起跑点是从父母的头脑开始。

如果父母有充分的育儿知识，能为孩子做出适当的安排，做好选择，明白如何把握机会，理解孩子的需要，孩子的人生就一定能有好的开始，在优质的环境中成长。

所以父母需要锻炼自己的脑袋，增加知识，有备无患地迎接小生命。为了孩子的未来，父母的成长是必须的。

你，有足够的"父母力"吗？

美国最近发表了一份新调查报告，有关家长的忧虑。很多家长表示不安。

"我觉得其他家长做得比我好。"

"社会竞争激烈，我怕孩子赶不上。"

"我没有信心做一个好家长。"

"我怕做错。"

怎样可以消除不安呢？

有知识和信心，不安就会消失。

为了增加知识，父母可以锻炼自己的脑袋，积极地寻找"专业知识"。因为有了专业知识，就能够增加当家长的信心，加强你的"父母力"。

我希望在这本书中，可以提供给年轻家长两方面的知识。

第一，是经验者的知识。我会将我自己的育儿经验和大家分享，让大家知道当我面对育儿问题的时候，如何去解决。

第二，是专业知识。我会以教育学博士的身份与大家分享儿童心理学和教育理论的知识，令大家更有信心面对培养子女时遇上的各种挑战。

我希望大家读完这本书后，能得到一些儿童心理学和育儿的基本理论知识。

这些基本的知识，可以帮助大家理解小孩子的情况，解决育儿的问题，提高大家的"父母力"。

有高度"父母力"的家长，不会过度忧虑，可以心平气静地用爱和关怀与孩子相处。

这样，家长和孩子的生活就会更加充满阳光了。

培养小孩子是一份非常有意义和快乐的责任。我希望每一个家长都能加强自己的育儿能力，享受和孩子们度过的时光。

孩子们的成长速度惊人，要好好珍惜孩子在身边的时间，不要错过每一个感动的瞬间。

我们都是培养"未来人"的家长。让我们努力学习，提高自己的能力，和孩子们一起成长，互相扶持，建立快乐和幸福的家庭，完成自己和孩子的梦想，成为真真正正的"未来人"。

目录

Part 2　社会交往能力的培养

Part 3　美国顶级名校未来的教育趋势

Part 4　父母的必修课

Part 1

自我发展能力的培养

1.1

给孩子能自我肯定的强大力量

在儿童心理学中，自我肯定力是非常重要的一项研究。

记得我在美国带儿子寻找幼儿园的时候，在每一间幼儿园，当我问他们："你们最注重的教育目标是什么？"他们都异口同声地说，self esteem，自我肯定力。

自我肯定力，简单来说，就是能够接受自己，欣赏自己，喜欢自己。

在心理学家之中，也有对这种自我肯定力的理解比较肤浅的人。他们会觉得自我肯定力低的人就会没有自信心，不能够推动自己；但自我肯定力太高，就会高估自己，看不起人家，甚至夸大自己的存在。

但其实，拥有恰当的自我肯定力的人是不会夸大自己的。他们会明白自己的长处和短处，从而接受自己，鼓励自己向前，不会歧视他人，不会感到自卑。这才是真正的自我肯定力。

无论是高估自己或感到自卑，都会对孩子的成长有不良的影响。

高估自己的孩子，会不愿意接受人家的意见，失去学习机会。

自卑的孩子不敢发挥自己的潜力，不能积极地追求梦想。

有正确自我肯定力的孩子，看到人家成功，会为人家开心；但自我肯定力低的孩子，就会觉得妒忌、不高兴。自我肯定力高的孩子，看到弱小的孩子，会自然的去帮助他；但自我肯定力低的孩子，会看不起人家甚至欺负人家，从那里得到优越感。这些都不是健康的行为，所以为了孩子有健康和正面的生活，我们一定要培养他们有高的自我肯定力。

我们如何培养小朋友的自我肯定力呢？

最重要的就是"不要拿自己的孩子和他人比较"。我们要让孩子明白，每个人都不同，但每个人都是宝贵的，不需要与人比较。

比较是无止境的。无论你有多好，也会有人比你更优秀。无论你觉得自己有多差，也有人比你更差。比较的人生是痛苦的，不满足的。

如果真的要比较，就和自己比较吧。

今天的我比昨天好一点吗？

为了明天做一个比今天更好的人，我今天可以做些什么呢？

这种比较是正面的，对自己的成长有好处。但与他人比较是浪费时间的，对自己的成长未必有好处。

能够接受自己，欣赏自己，才可以接受他人，欣赏他人。宽广的胸襟是从接受自己开始的。

如果心中有很多解不开的结，就没有空间去欣赏他人，为他人贡献。所以首先就是要明白和接受自己。

家长有两件事要小心，第一件事就是不要比较。若你把你的孩子和他人比较，孩子会感到自卑或自大。第二，不要夸大你孩子的能力，否则他就不能客观地衡量自己，变成一个骄傲的人，失去正确的自我肯定力。

在现代社会，因为竞争激烈，即使家长不比较孩子，孩子旁边的人也会做比较。所以家长应该时常鼓励孩子，跟他说："人家是人家，你是你。做好自己的事，不需要去和人比较。"

最近我发觉有很多家长，爱自己的孩子时，是有条件的。

"你做得好，你就是乖孩子。"

"你听话，我就爱你更多。"

这种对孩子的态度，会令孩子的自我肯定力降低。

请你无条件地爱护你的孩子。孩子做错的时候，当然要他们改过，但不可以说"你真无用！""你真傻！"这样的话。

因为这种说法，你不是责怪他做错了事，而是在贬低他的价值。

你应该说："你做这件事，妈妈觉得不好，但你是一个聪明的孩子，妈妈相信你一定能够改过。"

这种说法就可以提高孩子的自我肯定力，也可以鼓励他自主自觉地去改正自己，相信自己。

让我们看看孩子是否有足够的自我肯定力。

有足够自我肯定力的孩子：

他们有自信心；

对未来有正面的展望；

能够接受自己的长处和短处；

受到挫折时不会完全崩溃；

能够表达自己的要求。

自我肯定力低的孩子：

他们对未来的展望是负面的；

不够有信心；

无法表达自己的需求；

只能看到自己的弱点；

时常觉得羞耻、抑郁或者焦虑；

相信别人比自己好；

时常害怕失败。

你的孩子有足够的自我肯定力吗？

如果你觉得他的自我肯定力不够，请你改变自己的态度。

坐下来和孩子好好商谈，告诉孩子你完全地爱他，不是有条件地去爱他。他有好的地方有坏的地方，但你完全接受。因为他是一个宝贵的生命，没人能代替。

你这种态度，一定能慢慢帮助孩子提高他的自我肯定力。

自我肯定力是正面人生的基础，没有它，就很难达到自己的理想，更难成为一个自己喜欢的自己。

育儿的基础之一，就是培养孩子有足够的自我肯定力，否则其他努力也会劳而不获。

家长们，请加油！

1.2

孩子害羞胆小怎么办？

孩子害羞胆小，是缺点吗？是需要改变的事吗？

其实，害羞胆小的儿童，往往比外表看来更聪明。因为他们善解人意，关心其他人，会担心自己的行动会不会影响或打扰任何人，也会担心人家怎么看自己。这都是说明孩子有高度的智能和理解能力。

有些心理学家，觉得不需要去改变害羞的儿童。

我的意见是，如果可以改善，应鼓励他们大胆一点。

因为害羞和胆怯，会导致他们逃避尝试、不想参与或去完成事情。有时候会因此失去自信，失去建立友谊的机会。

更有些时候因为他们不擅于表现自己的才能，会被身边的人低估。

更有可能当他们感到困扰的时候，会害怕采取行动。当他们需要人说明的时候，也不敢求助。

所以我是赞成帮助害羞和胆小的儿童增加自信心的。

但我们也要明白，害羞并不是一件坏事。有很多害羞的孩子，只要在有足够爱心和信赖的环境中成长，到七岁左右之后，他们害羞胆小的性格，就会改变过来，所以不需要过度担心和责怪他们。

那么家庭教育可以帮助害羞和胆小的儿童吗？

答案是：Yes。

害羞的儿童是"自我意识"比较高的儿童，他们会担心其他人怎么看自己。

自我意识也有两种。

一种是 self-conscious，就是比较极端的自我意识。时常觉得所有人都在看着自己，有不舒服的感觉，害怕人家的批评。这是负面的自我意识。

另外一种是 self-awareness，就是知道自己和他人不同，能够客观地观察自己。这是正面的自我意识，对了解自己有帮助。

你的孩子是前者或后者呢？

如果是后者，那没有问题；如果是前者，可以立刻着手改善。

要增加孩子的自信心，就要提高他们的自我肯定力。

上节课我们讲到，自我肯定力非常重要，这一点怎么强调都不为过。

自我肯定力就是能够认识和接受自己。

要让孩子们了解自己的长处和短处，但不是要标榜自己的长处，也不需要厌恶自己的短处。自己就是自己，不需要和其他人比较，也不需要太注重其他人怎么看自己。

自我肯定力是怎样培养的呢？

普通来说，在充满爱的家庭中成长的孩子，都会有比较高的自我肯定力。

但有一些家庭，家长特别严厉，对孩子的要求特别高。孩子达不到爸爸妈妈的要求，就会觉得自卑，自我肯定力也会降低。

当家长的一定要全面接受孩子，要无条件地爱护孩子。

这种爱不需要有原因的。不是因为他聪明所以你爱他，或他长得好看你爱他，或他听话你爱他，而是无条件地爱他。

家长看清楚孩子的长处和短处之后，要协助孩子发挥他的长处，改善他的短处。

绝对不可以做的就是拿自己的孩子和其他孩子比较。

被比较得多的孩子，自我肯定力特别低。负面的自我意识 self-conscious 会提高，令他们时常觉得自己不及其他人，感到自卑，失去信心。

有这种心理的孩子，有些时候会特别自大暴躁，会欺负比他弱小的儿童，从而得到优越感。有些孩子，就会变得害羞胆小。

所以如果你想帮助害羞的孩子，首先你一定要全然接受他，鼓励他，给他自信心。

上面说的是基本中的基本，只要孩子有高的自我肯定力和信心，小时候的害羞，并不是大问题。

同时，也有很多其他方法可以帮助小朋友克服害羞的感觉。

首先你要表明，你明白孩子的心情。

我的大儿子，小时候十分害羞。一有陌生人出现，他就会躲在我的后面。叫他向长辈打招呼,他就是拉着我的裙子,说不出来。

很多小孩子见到陌生人,会觉得害怕,也会觉得周围的大人都在看着自己,觉得很难受。

我看到这个情况,就跟大孩子说:"刚才你是不是觉得很不舒服?觉得周围的人都在看着自己?"

他点头。

我问他:"是不是觉得很想打招呼,但声音发出不来?"

他又点头。

我拉着他的手,告诉他:"我很明白你的心情。因为妈妈小时候,也是非常害羞的。你不用勉强自己,你觉得有信心打招呼的时候,才打招呼吧!"孩子听了这番话,松了一口大气。

"妈妈会时常在你身边,帮助你克服这个感受的。不要担心。害羞不是一件坏事,是很自然的反应呀!我们一起加油!"

孩子笑了。

"下次见到亲友,妈妈先和他们说话,你准备好后，就拉拉我的裙子，我才介绍你，好吗？"

孩子微笑点头，眼睛亮起来了。

我们还练习了几次，孩子觉得好像是游戏，玩得很开心。

用这个方法，孩子就会明白害羞是可以克服的。他们的感受并不是一种缺点，而是一件自然的事。

之后，当我们碰到孩子不认识的亲友时，我会首先和那个人多说几句话，让孩子知道那个人没有威胁性，是友善的人。当孩子拉我裙子时，我就在他耳边问："OK 了吗？"若他点头，我就会介绍他给亲友认识，事后还会跟他说："你看，你令人很开心啊！"每次他都会很高兴。慢慢地，他不再需要拉裙子，也能自动自觉地向人打招呼了。

当孩子发现，鼓起勇气和人交流，并不会令自己尴尬，反而会令人快乐的话，孩子的害羞就会改善。

还有一些小训练可以做。譬如：

买东西的时候，让孩子帮你开口跟店员说，让孩子付钱和道谢。

家里的电话，让孩子接听。

到餐厅吃饭时，让孩子开口点餐。等等。

这些小训练，都可以增加小朋友的自信心。

当他们知道自己说话也不会引起尴尬，把话说完还有一种成就感，就不会那么害羞了。

再次提醒大家，害羞不是一件坏事，但与人交流的时候要有勇气。

只要小朋友有自信心和自我肯定力，害羞的小朋友也一定能够成长为一个非常友善和受欢迎的人。

你家里有害羞的小朋友吗？可以观察一段时间，想些办法，和身边的朋友交流，妈妈总是有办法的！

1.3

孩子不敢表达自己的观点怎么办？

上一节课讲到孩子害羞的问题，这一节课我们进一步讨论，孩子不敢表达自己的观点怎么办。

在这个问题中我们可以看到有三个课题。

第一是观点。

第二是表达。

第三是不敢。

首先说说观点。

你觉得你的孩子不敢表达自己的观点，是因为他不敢表达，还是他没有观点呢？

如果他不说话是因为没有观点，那么敢不敢不是问题，表达也不是问题，问题是在他没有要表达的内容，想不到与人分享的东西。

那么你需要训练孩子多思考，对人对事有好奇心，拥有自己的想法。

没有观点的人会令人觉得他对外部事物不关心，一起谈话也没有趣。

在学校，老师可能会觉得他没有留心听课，对课程没有兴趣，头脑停顿。

所以从小要训练孩子有自己的想法。

譬如，一起看电视时，看到新闻谈到有人在学校受到欺凌，却没有人帮助。

你可以问他："你觉得怎样？"

刚开始可能需要等很长时间孩子才会答复你，但你要有耐心，让他想清楚，然后再次问他，一直等到孩子表达意见为止。

还有，家庭里决定大小事情的时候，也可以请孩子一起思考，问他的意见，让他参与决定。譬如，冰箱和冷气机都旧了，先换冰箱还是先换冷气机呢？

这些问题会影响他的生活，他必定有意见。如果孩子说没有意见时，你可以问他，为什么没有意见？是否觉得太难选择？或是他觉得没有所谓？或是他觉得两样都不需要？无论如何，都要他表明心里面的想法。

这些训练，会令孩子知道一定要拥有自己的观点。

其次，灌输给孩子大量的知识，也是帮他拥有自己观点的好办法。

譬如，你可以和他一起预习教科书一年之内会教些什么。然后给孩子多一点有关课程的有趣资料，让他的脑袋里有很多知识，可以和同学分享。

譬如，课程会谈到能源问题。你可以和他上网找些短片，看看世界上能源的种类和分布在哪里，更可以研究一下可再生能源的普及。在家里做一些实验，令他感受到各种能源的构造。

那么当在学校谈及这个问题的时候，他的脑袋里有很多知识，也有观点，当老师要求意见的时候，他就有很多有趣的东西与他人分享。

我是用这个方法去教我的儿子的，让孩子用脑袋关注世界，用心关注身边的事物，多与他讨论，让他拥有自己的观点。

如果"孩子是有观点，但不会表达"，那么问题就是表达方法了。

这需要练习和鼓励，在家里多给孩子在人面前发表意见的机会，说了之后多多表扬他。

"多谢你的意见，很好呀！"

"说得真好！"

"妈妈没想到这一点。"

如果他说得不清楚，你可以说："帮帮妈妈，再解释一遍可以吗？"尽量鼓励他说明观点。

有亲友在场时也可让孩子听大人说话，让他学习别人表达意见的方法。

只要他有观点，表达方式可以慢慢学习。

但比较难克服的就是"不敢"这个问题。

为什么小朋友会"不敢"表达观点呢？

原因往往是害羞，怕说错，怕人笑自己，等等。

如何克服害羞，我们在前面的课程已说过，让我们来谈谈"怕说错"这一点。

最佳方法是告诉他们，世界上没有百分之百正确的答案，所以意见和观点不会有对和不对。不用怕说错，因为根本没有绝对。但这个理论，对小孩子来说比较难明白。

所以可以用另外一个方法，就是给他们信心，相信自己表达的观点是正确的。

这就需要锻炼他们有博学之才。

只要脑袋里有无数的知识，问他什么都难不到他。

好像中药店里的百子柜，每一个抽屉里都有珍贵的知识，就像"对症下药"一样，需要的时候，把抽屉拉开就有可以分享的意见。

只要有实力，信心也会跟着来。最怕是一知半解，活在恐惧中。

日常多点灌输给孩子各方面的知识，一定可以帮他们克服"不敢"表达自己的问题。

孩子小时，我会不断给他们吸收知识的机会，时常一起讨论世界问题，政治、经济、信仰等等，也问他们的意见。解决不了的难题，也向他们请教。

我时常让他们和大人一起谈话，很多时候，小朋友可爱的意见会令大家开心微笑，更有些时候发觉他们的意见反而很正确和新鲜。

记得在斯坦福念博士学位的时候，道德课程的教授问我："什么是一个好家庭？"当我说有爸爸妈妈和孩子就是好家庭的时候，同学们都反对。因为有些家庭是单亲，有些家庭没有子女，也是好家庭。我有点困扰，回到家里，向当时三岁的大儿子请教："你觉得什么是一个好家庭呢？"他在洗澡，没有答复我。

后来当我们上床睡觉的时候，他对我说："妈妈，好家庭就是你想起家人的时候，这里，这里……"他把小手放在自己的心上："想起家人时，这里感觉温暖就是好家庭。"他的观点实在太棒了！

我回到学校，告诉教授和同学，他们都非常感动。

所以不要觉得孩子还小，不会有意见。

从小训练他们拥有意见，勇于表达，对他们未来有很好的影响。

与你的孩子多交流，向他们多发问，用心聆听他们的意见吧！这样，你的孩子一定会变成一个有观点、爱分享的人。你会发现你的身边也多了一个好老师！

1.4

孩子面对挑战容易放弃怎么办？

这一课要讲的话题是挑战。这个词很积极，我们都喜欢乐于挑战自我的人。

面对挑战时，有些孩子会继续努力，直到做好为止；有些孩子会容易放弃，不愿意继续做下去；更有些孩子会暴躁，发脾气。

这些不同的反应是天生的吗?

孩子的性格，是不能改变的吗?

答案是：No。

孩子不愿意做下去，可能有几种原因。

最简单的，就是他不喜欢做那件事。

如果他真的是不喜欢做那件事，我们不应该强迫他。

当然如果是功课或测验，即使不喜欢，也要培养孩子有兴趣继续做。

但如果只是兴趣班或其他课外活动，要是他们不喜欢，不需要勉强。可以为他们找其他兴趣。

另外一个原因，可能孩子觉得做来做去也做不好，有点气馁，又怕失败，怕别人看不起他，所以决定放弃。若是这个原因，我们可以改变孩子的思维，培养孩子成为一个能接受挑战、不容易放弃的人。

斯坦福有一位心理学家 Carol Dweck，她是研究"动机"和"坚持不懈"的学者。

她发现孩子可以被分成两类：

"固定心态"型的孩子和"成长心态"型的孩子。

"固定心态"型的孩子，觉得做事的能力是天生的。他们认为，一个人天生下来就已经决定了能否做到某一件事。天生做不到的话，无论用多大努力也不会把那事做得成功。

所以当他们做一件事，不成功的话，就会觉得："我没有能力做，所以做下去也没有用。"他们会觉得困扰，担心自己看起来不聪明，于是逃避挑战，选择做容易的事。

"成长心态"型的孩子则觉得，越挑战自己，自己就会变得越聪明。他们相信智慧是可以培养的，多学多练，人会变得更聪明。

这些孩子明白，天才也必须努力。当他们遭受挫折时，会相信可以通过更多时间和精力来改善。

他们重视的不是天生的聪明，而是后天的努力。

你的孩子是"固定心态"型，还是"成长心态"型呢？

如果是"固定心态"型的孩子，面对挑战时，可能会很容易就放弃。但我们是可以把他们培养为"成长心态"型的孩子的。

要改变的，是家长的态度。

小朋友的心态和思维，会受到家长的行动和言语影响。

譬如说，你的孩子做好了一件事，你是如何赞赏他的呢？

"你真聪明！"

"你是天才！"

"你头脑太棒了！"

很多妈妈都会这样赞赏孩子，鼓励他们。

但其实，这种鼓励的说话，反而会把他们变成"固定心态"的孩子。

因为这会令他们觉得"做得好是因为他们聪明"，

如果做不好，就表示他不聪明。所以面对难题的时候，因为怕被人批评、怕被认为是不聪明的孩子，他们就会放弃不去做。

我们应该改变自己赞赏孩子的方法。

当孩子做一件事的时候，不要等他做完之后才赞赏他，而是当他正在努力的时候对他说："你真努力，非常好！"

"哇！这件事非常难做，很难得你愿意去挑战。"

"你用这么多时间用心去做，妈妈真佩服你。"

如果他做成功了，你可以说："你的努力获得成果了！恭喜恭喜！"然后与孩子一起庆祝。

做不成功的话，可以说："多用点时间，下次一定会做得好。"

这样赞赏孩子的方法，会令孩子明白，只要努力，就可以得到赞赏，并不是一定要成功，妈妈最喜欢看到的就是愿意去接受挑战的精神。

世上没有得天独厚这回事，成功是要自己付出努力的。

孩子的思维改变之后，你会慢慢发觉他愿意接受挑战，也不会那么容易放弃。

我时常鼓励孩子们挑战自己。

每次在做一件事的时候，不要去找最容易的方法，而是去找最困难、但最有成就感的方法。譬如说，暑假作业要写去公园的感想。本来用白纸黑字写下来就可以，但我会鼓励他们用其他方法。

有一年，二儿子做暑期作业时，他对我说："我想做一个立体的报告。就好像立体书那样，一打开公园就会跳出来！妈妈你可以教我如何做吗？"

其实我也没有做过这样的东西，于是母子俩花了很多时间去研究。他花了很多心思，也失败了许多次，后来真的做成了一本打开后会跳出一座立体公园的书来！

不但老师惊喜，所有同学都觉得很好玩！他的努力得到很多人的赞赏，也带给了人家很多快乐。那天他回家后的笑容，我现在也难忘！

孩子们拥有这种精神，到现在也是一样。

我的大儿子去年结婚了。他在美国请客的时候，选择了自己下厨为 80 位客人准备食物。

我听了很惊讶："真的做得到吗？"

他说："妈妈我们应该选择最难的方法。因为这样可以有最大的成就感，而且会带给人家最大的快乐。"

到了那天，他真的和新娘子一起下厨，总共制作了六道菜给 80 位亲戚朋友享用。大家都十分感动，气氛温馨，充满着爱心。真是一场毕生难忘的婚宴。

婚宴后我告诉孩子："太好吃了！每一分的努力，我们都能够感受到！恭喜你！"孩子笑着说："下次会做得更好。"新娘子说："有下一次吗？"我们大家拥抱在一起，大笑一场！

事大事小，勇于挑战的孩子们都会在其中不断成长，也会在生命中带给自己和他人更多乐趣。

所以家长们，请改变你们赞赏孩子的方法，训练他们做一个"成长心态"型的孩子。那么他们就会继续挑战自己，成长为一个前途无限量的"未来人"。

1.5

孩子很难接受新环境怎么办？

常听到有妈妈说，她的孩子好像很难适应新环境，怎么办呢？任何问题，我们都要分析原因。

首先，孩子不能接受新环境表示他缺乏"适应力"。

适应力强的人能够根据自己的环境进行改变，拥有应对现状变化的能力。

现代社会，适应力可以说是最重要的能力之一。

有句话说，"生命中唯一不变的就是改变"。无论我们如何努力去维持现状，环境的改变是不会停下来的。在这个超速成长的社会里，孩子们如果没有适应力，就很难快乐地生活。为了帮助孩子做好面对社会的准备，我们一定要提高他们的适应力。

适应力是否很难培养呢？

答案是，No。

有很多妈妈都说："孩子需要有规律的每一天。"

所以她们会从小为孩子安排好每一天的活动。譬如：

什么时候起床；

什么时候吃早餐；

什么时候到公园；

什么时候午睡。

她们会为孩子做好每天的固定时间表。上学，回家，休息一会儿，吃一点茶点，做功课，吃晚饭，洗澡，睡觉。

每天都是差不多的生活。

家长觉得这样就是有规矩有规律，对孩子的成长有好处的生活方式。

其实这种一成不变的做法，会降低孩子们的适应力。

为了提高孩子的适应力，我们不要让他们每天过同样的生活。

每天过不同的生活，才可以令孩子的头脑灵活，习惯随机应变。

如果我们安排的变化，能令他们快乐，他们就会觉得转变是好事，不需要抗拒，这样他们的适应力就会提高。

一成不变的每天，会令孩子建立固定的"舒适区"，以后当他离开自己的舒适区就会感到困扰，也会忧虑。

如果他每天都过同样的生活，吃差不多的东西，只见同样的人，他们的偏好也会特别强。偏好强的人，适应力也会比较低，他们会说：

"我不喜欢吃这样的东西。"

"我不喜欢坐在这里。"

"我不喜欢和其他人说话。"

"我不喜欢这个房间。"

"我不喜欢这个地方。"等等。

为了在这个千变万化的社会生存，我们希望培养出无论生活在冰山、沙漠、山顶、海边都觉得舒适快乐的孩子。

这才是我们当父母可以为小朋友做出的准备。

在我的家里，我会尽量令每天都是不同的。

我每天都会给小朋友一点惊喜，一点预料不到的事。譬如说：

吃过晚饭，准备洗澡睡觉时，我会突然说："我们到公园去踢夜球，好吗？"就不管其他事，带着几个孩子到附近的公园去踢足球。

漆黑的公园里，连足球也看不清楚，但真的玩得很痛快！

回来洗澡睡觉，虽然睡晚了，但他们会睡得特别好。

爸爸也同意这个教育法，有些时候也会制造惊喜。

记得有一次他下班回来，突然说："我们今天去看星星，明天不要上学了。"孩子们都觉得很惊奇！

"快些准备出发！"

我们马上收拾行李，开车到郊外，一家人睡在地上看星星。

找一间民宿过了一夜，第二天请假不上学。

"一辈子那么长，少上一天学没有大关系。和爸妈看星星更重要呀！"

我们的孩子喜欢得不得了！

我们追求的，就是有惊喜和每天拥有不同的生活。

孩子们习惯之后，不会觉得困扰，反而会觉得每天都十分有趣。

当然因为他们是学生，功课一定要做得好，课程的内容也要理解，考试的时候也要尽力，但这些都是生活的一部分，最重要的是每天都能够感受和享受生命的喜悦。

为了避免给他们固定的"舒适区"，我们会教孩子在任何情况之下，都能自得其乐，舒适度过。

他们不会嫌弃简陋的居住环境、人多吵闹的地方、没有现成的晚饭；他们不会埋怨天气热或冷、等不到巴士或没有座位；等等。

他们在陌生的环境中，也能够找到自己的小天地，不会觉得痛苦。

"适应力"也关系着人与人之间的相处。

我们要尽量培养孩子们对别人有兴趣，在任何情况之下，都要关心身边的人，不以自己为中心。

这个想法，会令他们自然地关注其他人，忘记自己。所以他们会很容易交朋友，得到朋友的信赖。

能够这样做的孩子，身处任何人际关系之中都能够适应。

未来社会将会把我们的孩子带到各种不同的状况之下，我们要培养他们能够适应新环境的能力。

1.6

在家庭日常生活中培养积极学习的孩子

我知道香港升学压力很大，爸爸妈妈们都很关注小朋友的功课，希望自己的孩子爱上学习。爱上学习，这个表达其实反映了我们在认识上的一个误区。

　　每一个孩子生下来就是喜欢学习的。因为学习就是生存，生存就是学习。对小孩子来说，学习是自然的反应，是存在于遗传因子里的行为。

　　小孩子要学习行走、说话、拿东西……这些都是为了生存必须要学习的事情，否则就无法成长。

　　孩子看每一件事都是新鲜的，都是第一次见到的，所以他们的好奇心是无限量的。基本上，不用父母催促，小孩子每天都在积极地学习。

　　也就是说，孩子积极学习的欲念是天生的。所以正确来说，不是需要"培养"积极学习的孩子，而是需要"维持"孩子积极学习的欲念。

　　要令孩子不失去积极学习的欲念，就要让他们对每一件事都有好奇心，感受到学习的喜悦。

　　首先我们要理解什么是学习。

　　学习，learning。

　　学习是一个过程。

学习是积极的。

学习者观看周围的世界，并与现实互动，与他人交谈，得到新思想，然后基于过往的经验去理解新资料，建立新的知识。

所以学习永远是自发的、主动的。

如果一个人不想学习，强迫是没有用的。

你可以教他，但他不愿学的话，任何东西都学不进。

所以学习永远是主动的、积极的。

明白了这个道理，我们就可以安心教导孩子维持积极学习。

儿童心理学的研究，发觉从小学三年级以后，很多小孩子的好奇心和积极学习的欲望会慢慢低下来。

那么我们当父母的，如何在家庭教育中，帮助孩子维持积极学习的欲望呢？

我可以给大家提供一些办法。

第一，用书包围孩子。从小培养小孩子看书的爱好，带他们到图书馆，指导他们怎么从书中找到喜欢的知识，令他们发现，当认识并理解新事物时，好像脑袋被点亮了一样，那种感觉是兴奋的、充满刺激性的。当他们能够亲身体验到这个感觉，就会觉得学习是一件非常好玩的事。

第二，给孩子教导别人的机会。教学是学习不可缺少的一部分，当孩子到了一个可以教别人的阶段，就表示他真正理解了。"学以致用"，孩子会感觉到学了新知识，不但对自己有用，而且对朋友也有用。这会激发他继续积极学习的愿望。

第三，令孩子觉得学习是玩耍，玩耍也是学习。有很多父母会对孩子说："你先把功课做完，学习好了，我们才去玩耍。"这种说法，会令孩子觉得学习是责任，玩耍才是开心的，这会降低他们对学习的兴趣。

所以我一直倡导，应该告诉孩子，学习也是玩耍，玩耍时也有学习的机会。

到小学六年级为止，我每天都和孩子们一起做功课。做功课的时候，我尽量把功课也变成一种游戏，和他们一起，一边说笑一边做功课，降低他们对功课的抗拒和压力。和他们玩耍的时候，也会尽量给他们学习新知识的机会。令他们发觉玩耍也是学习，学习也是玩耍。

第四，帮助孩子找到学习的榜样。孩子身边有没有值得他学习的人呢？其实每一个人都是我们的老师。我教导孩子要向每一个人学习，有些时候是学习与他们做一样的事，有些时候是学习不可以做的事。

现在互联网上可以找到很多很好的老师和值得尊敬的人。我们可以教孩子积极向那些英雄和伟大的人学习。随着孩子的兴趣发生变化，他们的英雄会是不同的人物。但若他能找到一个可以学习的人，他会积极地去模仿和向那个人学习。

第五，让孩子选择学习内容。为了维持孩子的学习兴趣，我们应该让孩子选择他们喜欢学习的内容。如果他喜欢音乐，就让他学习音乐。如果他喜欢舞蹈，就让他学习舞蹈。就算孩子没有特别的兴趣，也一定有喜欢做的事。

譬如，喜欢说话的孩子，可以培养他学习各种语言。喜欢吃东西的孩子，可以培养他学习营养学。如果你的孩子是喜欢睡觉的，可以鼓励他研究睡觉的科学。

你可以向他们指出，世界上有很多知识，都在等着他们去寻找。

第六，让孩子们现场体验。当孩子学习了某一样东西之后，尽量给他体验的机会。

譬如说，他学了某个历史人物，那么就带他们到博物馆，看看那个人留下的东西。如果学习了有关海洋的知识，就带他们到水族馆，看看水中的生物。

当他们用五官来感受知识，他们对学习会更有兴趣。

第七，在孩子面前表现出你对学习的兴趣。你可以时常给他介绍你学习到的新知识，表现出你是多么喜欢学习，学习令你的人生多么丰富。孩子听多了就会模仿你的做法。

第八，了解你孩子喜欢的学习方法。每一个小朋友，都有他们擅长的学习方法。有三大学习方法，可以分为"听""看""感"。

有些小朋友喜欢用耳朵听，有些小朋友喜欢用眼睛看，有些小朋友喜欢用身体感觉。小心观察你的小朋友喜欢用什么方法学习，用适合他的方法教导他，他吸收新知识就会快很多。

第九，不要演说要讨论。当你教导孩子的时候，不要演说，应该用讨论的方法。多让孩子发表意见，和你一起解决问题。不要把你知道的答案先说出来，让他自己去寻找。找到答案的时候，要奖励他。这样孩子会感受到知道是自己学习的，不是你教他的。这样他会更加积极地去学习。

以上的方法，可以帮助你的孩子维持他天生的"积极学习"的欲望。

最后我们应该告诉孩子，学习是终身的，不是年轻的时候才学习，什么年纪的人都应该学习。

因为学习就是生存，生存就是学习。在每一个人生的阶段，我们都需要新知识来维持我们的生活，令我们的人生更有意义，更丰富。

所以积极学习不是一种选择，而是一种维持生命必需的习惯。

1.7

培养乐意承担家务责任的孩子

上一课讲的是如何培养积极学习的孩子，这个问题爸爸妈妈们都比较重视。但是我要强调的是，孩子做家务也是非常重要的功课。这一点可能许多家长会不以为然。但家务并不是无关紧要的，孩子是家庭的一部分，家务是家庭生活的重要方面，让孩子做家务是非常自然的。

那么，如何培养他们自主自觉去做家务呢？

首先最重要的，就是要让孩子对家庭有"归属感"——belongingness。

要令孩子感觉自己是家庭的一部分，让他感受到爸妈和兄弟姐妹的关怀和爱护。进一步要令孩子知道家人"需要"（need）他。家人需要他的关怀和爱护，大家要齐心合力令家庭的运作顺利。

有"归属感"和感觉到"别人需要自己"，这两种因素，是促使孩子贡献和承受责任的动力。

如果孩子拥有这两种感觉，他就会愿意为家人着想，做家务也是其中一部分。

为了增加孩子们对家的归属感，首先要让他们觉得家是一个温暖、安全、舒适和随时都想回到的地方。

家是孩子的巢，孩子的窝。家长先要把这个窝做好，令孩子珍惜这个家。

平常一家人尽量在家里度过多些时间。

多在家做饭，和孩子一起吃。

在家里一起看书、谈话、玩游戏。

多邀请朋友回来家里，让孩子感受到家是一个快乐的地方。

可能你的家不宽阔，但也可以把它收拾得干干净净，让孩子们觉得舒适。

家长把家务活做得好，孩子也会模仿，愿意帮助你把家保持得清洁和舒服。

孩子对家有亲切感，就会觉得有责任去保护家人，维持家里舒适的环境。

如果孩子回到家里时常没有人，平常不在家里吃饭，家里打扫得也不干净，坐立不安的话，相信孩子不会对家有好感。

没有好感的话，要孩子自动自觉去做家务，就很难了。

爸爸妈妈的爱、兄弟姐妹之间的和谐相处，也是孩子自愿做家务的条件。孩子如果不喜欢和家人相处，就不会积极做家务。家里人的关系要好，否则孩子会失去"归属感"。

另外，如果爸爸妈妈或爷爷奶奶平常包办全部家务，孩子就会觉得没有需要帮忙。所以从小要培养他感到自己所做的家务，对家人有很大的帮助。

很多家长为了令孩子参与家务，会用分工合作的原理。

就是说，各有各的责任。

譬如，妈妈做菜，孩子洗碗。爸爸拿垃圾到外面，孩子把脏衣服放进洗衣机。等等。

但这个分工合作的做法，并不是最理想的方法。因为孩子会觉得做完自己的本分，就不需要去帮助其他人。

我的方法是：家里的事是每一个人的责任。每一个人都有责任做任何家务，所以每一个人要有全部包办的觉悟。无论是洗衣服、烧菜、收拾房间、打扫等等都是自己的责任。

如果其他人帮你做了任何家务，就要感谢他。

放学回到家，妈妈已经烧好菜，如果妈妈不在家，孩子就要做菜。所以要感谢妈妈。

早上起来，爸爸已经做好了早餐，就要感谢爸爸。因为如果爸妈都病了，其他家人就要起床煮早餐。

衣柜里有干净的衣服，要感谢爸妈。因为原本洗全家人的衣服是全家人的责任，不但要洗自己的衣服，也要洗爸妈的。爸妈给你洗了还收好在衣柜里，要感谢爸妈！

这个想法，令孩子在日常生活中有感恩之心，有空时会自主自发地去做家务。

学校放假的时候，他们会在家中做完所有家务，让爸爸妈妈有一点休息时间。因为我们家里的宗旨是："谁有时间就谁做"，"大家一起做就会做得特别快"，"有人为你做了，你要感谢"。

当你做一件事，得到他人的感谢，你会觉得很开心。

所以当孩子做了家务，我们都会一起感谢他。

譬如他在吃饭之后，收拾桌子，把碗碟洗干净，我们全家都会感谢他。

譬如，他放假早上早点起来，给花草浇水，我们也感谢他。

因为大家都觉得家务是自己的责任，并不只是爸妈的责任，所以孩子们觉得有责任去做家务，也乐意和我们一起做家务。

孩子明白，因为有家人，才可以做少一点家务，大家一起做家务是快乐的事，一起做也可以轻松一点。

这个做法很管用。

有些时候我做完工作，赶紧回家做晚餐，一打开家门，发觉孩子已把晚餐做好，我心里会感到非常感激，多谢孩子帮我做了晚餐。他们就会说："妈妈，这是应该的。你不是家里唯一的厨师，我们都是啊！"

有些时候，我把厕所洗干净后，发觉孩子也刚好准备做清洁。他们看到干净的厕所，也会多谢我。

孩子们早上太忙，没有收拾房间，回来发觉已整理好，他们也会感谢我。

家中的事，全部是自己的事。

从小教给孩子这个观念，他们对家务就不会有太大的抗拒。

做家务是对家有感情的表达。

首先孩子要爱家，爱家人，感觉到自己被爱和关怀，就会觉得做家务是值得的。

1.8

培养不受金钱束缚的孩子

在今天的社会，有很多爸爸妈妈都很重视从小培养孩子的理财观念，这当然是很好的。但是在培养理财观念之前，我觉得要教给孩子正确的看待金钱的态度。

现代社会把金钱当是万能的，拜金主义令很多人忘记自我，不择手段地去赚钱。

年轻人，甚至小朋友也受到这个潮流影响，认为有钱就是快乐，认为有钱就是幸福。

这是真的吗？

答案是：No。

首先我们要让孩子们明白，什么是金钱。

当世界上还未有货币之前，我们是以物易物来得到需要的东西。自从有了货币之后，我们才改为用货币来买。

但如果钱不能买到你需要的东西，钱就失去价值了。

金钱的价值，与周围环境有关。

譬如200万港元，在香港买不到房子，但在内地一些省份，能够买得到。

在香港，吃一碗面需要40元，在北京可能20元就可以吃得到。这20元在非洲或其他国家，可能可以买到更多东西。

起初货币的价值，取决于政府的黄金储备，你可以拿一百美元到美联储，获得同样价值的黄金。

但自从各国放弃使用黄金为标准来估计其货币之后，需求和信心成了货币的基础。

强大的经济体制会拥有更好的货币汇率，如果国家发生战争，或在国际社会上失去了信任，货币的价值就会下降。虽然有很多钱，也买不到需要的东西。

所以其实货币并不是资本，货币只能用来购买商品，而资本是有持久性的财富。

我们要让小朋友明白，有钱并不表示你富有，需要拥有的是永久的资本。

那什么是永久的资本呢？

这就是教育孩子不受金钱控制的最大课题。

当我教育孩子的金钱观时，我不是教导他们如何赚钱、用钱和储蓄，而是教给他们金钱买不到的贵重东西。

我告诉他们："金钱可以买得到的东西，其他人可以用更多金钱把你的东西买走。但金钱买不到的东西，才是你一生的宝贝，生命的资本。"

从小我不会买玩具给我的孩子们，而是用很多不用钱的游戏和他们玩耍。

譬如，头脑游戏。由一数到三十，每个人最少要说一个数字，最多说三个，说到最后一个数字的人就输。

类似这样的游戏可以锻炼他们的头脑。

或是用手玩游戏。两手先自己拍一下，和对方对拍一下，再拍大腿一下，把手反过来对拍两下。然之后一直加倍拍下去。越拍越快，又紧张又兴奋。

其他如捉迷藏、跑步、游泳等，可以锻炼身体，永做不厌。

晴天，我们会玩踩影子游戏。

下雨时我们跑到公园，在小河上放叶子，看谁的叶子游得最快。

我们去看星星月亮的变化。

春天期待花开，夏天种茄子黄瓜，秋天到山里找红叶，冬天盼望下雪做雪人。

实在有太多好玩的事，是不需要用金钱的。

孩子们习惯了这种玩耍的方法，从来都没有要求买玩具。

有些时候朋友送了玩具，他们玩了一会，就会厌倦。

他们告诉我："妈妈，玩具只可以玩一会儿，但你的游戏永远都可以继续玩下去。"

用自己的脑袋和身体去玩耍，不但能够锻炼他们的头脑和运动能力，更能够让他们知道不是用钱才可以买到欢乐时光。

我时常跟他们说："家庭的爱、友情、善良的心、勇气、感动的瞬间，这些才是可以令生活丰富的财富。但这些都是金钱买不到的。"

我告诉孩子们："如果你想得到富裕的人生，要追求的不是物质上或金钱可以买到的东西，而是金钱买不到的无价宝。"

教导孩子自得其乐，不受金钱束缚，是父母能够留给孩子最大的财富。

那么如果有钱，应该如何去用呢？

我是鼓励孩子们投资在争取吸收知识的机会，或是可以留下美丽回忆的经验。

"有机会深造的时候不要犹豫。"

"能和家人和朋友相聚时，不要放弃。"

我教孩子们不需要羡慕别人有钱，因为幸福是在心中。

贪你的钱而和你交朋友的人，并不一定是真心的。

贪你的钱而和你谈恋爱的对象，也并不一定可以带给你幸福的人生。

外表是肤浅的，应追求的是无条件的友谊和爱情。

因为我的这个宗旨，孩子们都不追求奢侈，也不会买名牌的东西。

因为平常生活朴素，所以当他们开始工作之后，各自有自己的积蓄，也学会了如何把积蓄用于投资，生活过得十分平稳。

我告诉他们，只要用心工作、追求理想、不怕吃亏，金钱上的财富会跟着来的。

金钱上的财富不是必要的，但如果是应得的报酬，不需要抗拒。

但有了金钱，也不一定能得到快乐，所以财富只是人生中的一小部分，不能当作目标。

"绝对不能够让金钱控制你的幸福，你是自己的幸福主宰。一开始依赖金钱，你就会变成金钱的奴隶，失去自由。"

我们都希望孩子能过安稳的生活，有足够金钱去换取需要的东西，所以培养他们能够自力更生是重要的目标。

但千万不要灌输给他们"金钱万能"的想法。因为这种思维，会令孩子永远不满足，找不到真正的幸福人生。

1.9

培养乐观积极的孩子

现在的世界，比以往任何时候，更需要乐观主义者。人口膨胀、竞争激烈、缺乏资源、冲突常发……没有乐观的思维，难以面对未来。所以我们要培养孩子成为乐观积极的人。

什么是乐观主义者呢？

乐观主义者，对未来有希望和信心。

他们的生活比悲观主义者美好。研究表示，相信自己能够成功的乐观主义者，在实际生活中，的确比较倾向成功。因为他们不容易感到忧虑，所以患病的次数较少，寿命也比较长。

反过来说，悲观主义者时常担心最坏的事情发生，对未来没有希望。

好事发生了，仍会忧虑。坏事发生了，更是不知所措。

悲观消极的小朋友，会不相信自己的能力，不会积极地去发挥自己的潜力，这是非常可惜的。

见到半杯水，乐观积极者会说："真好！还有半杯。"悲观消极者会说："糟了！只剩下半杯。"同样的情况，也有不同的看法。

有些证据表明，乐观是遗传的，抑郁症也有遗传的因素。

那么，家长可以帮助孩子变得更乐观积极吗？

答案是：Yes。

悲观的人遇到不理想的状况，会有四种想法：

一、永久性：坏事是常常会发生的，永远不会停止。

二、无处不在：坏事在什么地方也会发生。

三、针对自己：坏事总是会发生在自己的身上。

四、无能为力：自己没有能力去改变坏的情况。

首先我们要向孩子解释，挫折不是普遍性的，也不会随时随地发生，更不是针对他的。而且他有足够的能力去改善情况。

悲观主义者往往觉得自己是受害者，我们要告诉孩子这不是事实。

有些事是因为运气不好而发生，譬如天灾，是可能发生在每一个人身上的。

有些事是自己带给自己的挫折，例如考试不复习，得了零分。

但无论如何，我们必须相信自己可以面对和改善情况。

譬如说，星期天，本来约好孩子去钓鱼，但刚好那天下大雨，不能去。悲观的孩子就会说："我一早就知道这会发生的。我永远都倒霉！所有的坏事都发生在我身上。"他感到失落，不能控制情况，觉得毫无希望。

这个时候，你可以跟他说："我们也很失望。但下雨天也有很多好玩的事呀！我们去看电影，然后搭巴士到郊外，等雨停了看彩虹吧！我知道有一个地方，时常有彩虹出现的。"这个解释是让孩子明白：一、失望的不单是他；二、下雨不一定是坏事；三、雨是会停的；四、可以利用下雨得到好结果。

这会令孩子知道，发生在自己身上的事，要变成好事或坏事，是自己可以决定的。

坏事也可以变好，好事也可以变坏，视乎我们如何处理。

悲观的态度只会令情况变得更差。

要教育孩子，即使坏事发生了，我们也要从中看到一些好结果。

例如，考试考得不好，是表示有学习的空间。做错了的地方，重新温习，知道自己的缺点，是一件好事。

如果和朋友吵架了，是给自己一个机会去学习道歉和原谅他人。这是帮助提高情商的好机会。

诸如此类，我们要教孩子能看到雨天之后的彩虹。

这就是乐观者的强处。

要孩子有乐观积极的思维方式，当父母的要以身作则，不要说太多负面的话。

譬如说，"不用想了，哪有钱去留学"，这就是消极的说法。"虽然没有钱，但一定有办法的"，就是乐观积极的说法。

"我没有上大学，一定找不到工作"，是悲观的看法。"虽然没上大学，但一定有适合我的工作。"这就是乐观的看法。

父母的悲观思维方式，是会传染给孩子的。所以家长也要拥有乐观的思维方式。

活在人世上，我们都会遇到很多挫折。但如何面对这些挫折，会影响以后的人生。

太乐观会不会有一点不实际呢？

答案是：No。

有研究证明，乐观的人会自己鼓励自己，生发力量，积极从事，成功率也高。

有很多运动员，在出场之前，会对自己说："我能做得到！我能做得到！"

心理学家也相信这种自我鼓励是有用的。

所以如果你的孩子特别消极和不相信自己能力，你可以教他用说话来自我鼓励。

我的儿子们小时候，要上台表演时会怯场。我教他们在手心用手指写一个"大"字，"大胆"的"大"，然后把那个"大"字吃掉。吞下后对自己说："我不怕！我一定做得好！"我告诉他们："那你就不会怯场了！"

这好像是一个笑话，但每次都有效。

其实我每逢有大型音乐会的时候，也会在手掌上写一个"大"字，把它吃掉，对自己说："你不怕！你一定做得到！一定会做得好！"这个做法，每次对我都有效。

教孩子自我鼓励，是帮助他们积极行动的方法。

乐观积极的思维方式，是父母可以送给孩子们的"永久之火"。让他们在人生路途上，永远看到光芒。

未来是光亮的！因为我们已做了这个决定。

1.10

如何教孩子在最黑暗的时候找到光明？

人生不是一帆风顺的，总会遇到黑暗的时刻。孩子会遇到，我们大人也是，黑暗不可避免，我们要教给孩子的，是找到光明的能力。

教孩子在最黑暗的时候找到光明，就是教孩子如何去"希望"。

父母是孩子的第一个希望，也是孩子最初的依恋对象，会从父母那里得到安全感。

对孩子充满爱和关怀的父母，可以养育出拥有希望的孩子。相反父母的爱不够的话，孩子社交时会退缩，不能承受压力，不能自助，容易导致绝望。

首先作为父母，应该诚实地做个自我评估。

你是一个充满希望的人吗？

你喜欢和他人有联系吗？

你觉得这个世界安全吗？

你的人生观会直接影响你的孩子，成为他们的感情核心。

所以首先你要问一问自己，你是不是一个能在最黑暗的时候找到光明的人。

感觉到希望是一个互惠的过程，你的希望值提高，你孩子的希望值也会一样提高。

很多心理学家都指出，孩子在幼年期需要可以信赖的保护人。那人是父母也好，是爷爷奶奶、甚至保姆也好，当他需要的时候，有人在他身边给他食物，呵护他，他对他人的信赖就会提高。这个信赖就是他希望的基础。所以我们一定要为孩子从小建立一个安稳的生活环境。

希望是从哪里来的呢？

希望的英文是 hope，古代来源于 hop。

hop 有从一个地方跳到另外一个地方的意思，这个词表示出，只要有"希望"，就可以从一个地方跳到另一个地方。

从一个黑暗的地方，跳到一个光明的地方。从一个被束缚的地方，跳到一个自由的地方。从一个有战争的地方，跳到一个和平的地方。

希望就是可以积极选择更好的路径。

人最怕的就是绝望，没有其他方法。

如果我们能够从一个地方跳到另一个地方，就表示我们有能力寻找好的结果。

所以我们要教孩子们相信，无论在如何黑暗的深夜，太阳一定会升起来。

冬来春必至，不用失去希望。

但现实并不是那么完美的，有些时候真的觉得找不到出路，也看不见光明。

所以我们要教孩子一些建立希望的具体方法。

首先我们要让孩子知道，人生是有很多选择的。

我们应对每一件事的时候，并不是只有一个方法。

譬如，爸爸去世了。我们可以选择哭泣，也可以选择如何扶持妈妈，也可以选择向亲友求助，更可以选择做以上所有的事。

面对困难的时候，要清理一下脑袋，看看自己面前有什么选择，自己什么时候都可以从一个地方跳到另一个地方。

我们也要培养孩子有想象力。

因为有想象力的人，容易拥有希望。如果不能想象未来，人会容易感到绝望。有想象力的孩子在黑暗之中，也能够想象到不同形式的光辉。

这份想象力能够帮助他们在最难受的时候，有勇气面对现实和期望未来。

要培养想象力，可以从小给他们讲故事。譬如，孩子小的时候，我每晚都会和他们说一个我自己创作的故事。故事的主人公，是一只企鹅妈妈，她走遍全世界，寻找迷失了的小企鹅。

我每天晚上都会叫孩子给我几样东西，例如苹果、帆船、蛋糕等等。

当晚的故事里面，这三样东西就会出现。他们特别喜欢听到自己提出的东西。慢慢我让孩子跟我一起创作，企鹅妈妈每天晚上都会遇到困难，我和孩子们一起为她解决。

这一种没有书本、没有文字、没有图画的创作过程，可以锻炼孩子的想象力，让孩子有能力处理难题，帮助他们从黑暗中找到光明。

还有一个可以帮助孩子从黑暗中找到光明的方法，就是让他知道，无论他的遭遇有多悲惨，在世上还有比他更悲惨和痛苦的人。无论他失去了多少力量，他还有可以帮助他人的能力。

　　在最黑暗的时候，要教孩子忘记自己的痛苦，为他人着想。

　　因为当人把所有注意力放在自己身上的时候，会给自己更大压力，透不过气来。在最黑暗的时候，应该把自己的能量放出，先忘记自己，看看如何帮助他人。

　　能做到多少做多少。如果只能走出一步，就先走那一步。走出一步之后，就能够看到新的世界，就会发觉希望已经在面前，这就走出了自己狭小的世界，能"hop"了。

　　人生有光亮的时刻，也必定有黑暗的时刻，真正的强者是能屈能伸、能适应环境的人。

　　最坚强的人，就是在什么情况之下，都充满希望的人。孩子是否能够拥有希望，关键在于父母。我们要成为一个充满希望的人，做孩子的灯塔，在黑暗中带来光亮。

Part 2

社会交往能力的培养

2.1

如何培养懂得尊重他人的孩子？

能尊重他人的孩子，才能真正地尊重自己，和受人尊重。

为了教你的孩子尊重他人，你需要尊重你的孩子。

孩子不是父母的附属品，父母也不是孩子的奴隶。

父母是养育和保护孩子的责任者，直到孩子能够自立为止，亲子要互相尊敬，互相帮助，互相感谢大家的存在。

如果家长在家中打骂子女，不尊重他们的话，子女到外面也不会尊重他人；如果家长因为太爱惜孩子，让他们放肆，不尊重父母的话，他们到外边，也不会尊重他人。

受尊重的孩子，也会尊重他人。

能尊重父母的孩子，也能尊重他人。

父母要教导孩子，每一个人的价值都是一样的，每一个人都是重要的生命，所以我们要尊重每一个人。

无论身份高低、是男是女、什么种族，都要用同样尊重的态度去接触。

童年是孩子们了解世界的关键时期，包括如何与人相处。

学得不好，会影响一生。

社交能力高的孩子能够和人合作，慷慨对待朋友，可以表达自己的感受，并且同情他人。

但最基本的社交原则，就是能够尊重他人。

当父母的要积极地教小朋友尊重他人，最佳的方法是用自己作模范。

父母如果能够尊敬他人，孩子也会学得很快。

如果父母时常对人有礼貌，孩子也会对人有礼貌。

如果父母只是对比自己强大的人有礼貌，但对比自己弱小的人没礼貌的话，孩子会觉得这是正确的对人态度，就会有样学样。

譬如你对餐厅的服务员态度嚣张，孩子就会觉得他不需要尊敬为他服务的人。

所以我们要谨慎约束自己的行为，成为一个能尊重他人的人。

家长做不到的话，不要期待孩子做得到。

有位朋友，她教她的儿子一定要尊敬父母，但她对自己的母亲却非常无礼。

她小的时候，因为怕被父母打骂，所以装着尊敬父母。但到她长大成人之后，就对父母非常无礼。

现在她生了小孩，那位小朋友，从小已不尊敬她。她很不满意，不明白为什么孩子不尊敬她，但她没有自觉到，孩子是看到她对公公婆婆的态度而学习如何看待父母的。

这是一个负面的连锁效应，所以当父母的一定要做一个好榜样。

要记得，孩子最大的模仿对象就是父母。

当家长的要多关注别人，不要说人闲话，不要在背后批评人家，不要歧视任何人，不要不守规矩，不要嫌弃与自己身份不同的人，等等。

那么，父母的行为好就够了吗？

答案是：No。

我有一位朋友，她在上海一家酒店的大堂内，碰到一个小孩子。

那时她坐在大堂的椅子上。小孩子跑到她的面前，跟她说："这是我的椅子，刚才我坐着的，快起来给我坐。"我的朋友很吃惊，没有理会他。小朋友十分愤怒，走来走去："这是我的，快站起来！"我的朋友不愿意站起的时候，小孩子就说："我叫妈妈买走这张椅子，不给你坐！"

他妈妈回来，见到儿子在吵，有点尴尬，但也没有责备孩子，也没有向我的朋友道歉。

我们听了这件事，真的有点失望。现在的社会风气，令孩子变了霸王，不守规矩，不懂礼节。但要怪的并不是孩子，是孩子旁边的人。

为了孩子的前途，家长真的要非常小心。就算自己没有教小朋友不礼貌的事，在旁边的人也会对小孩子有影响。

所以只有自己做得好是不够的，要用言语告诉孩子什么是对什么是不对。

我们要积极地教导小孩子去尊敬别人，不可以消极地让他们学了坏习惯。见到他们的行为不对的时候，要当场向他们解释，指出他们的错误。否则孩子们会继续在一条错的道路上行走。

能够尊敬人的孩子，具有高度的自我价值感。因为他明白不需要与人比较，对自己有良好的感觉。能接受自己的孩子，会很容易积极地帮助人，善良地对待他人。

我时常告诉我的孩子，千万不要当人是透明的，要关注旁边每一个人。

譬如，上厕所，有人在打扫，应该说一声："辛苦了！谢谢你！"

譬如，在学校打扫校园的员工，如果你有时间，可以帮他一起打扫，告诉他你感谢他的劳动。

如果在街上，见到有需要帮助的人，应该上前问一问："我可以帮得到你吗？"帮得到，就是最好，被人拒绝，也无所谓。

我告诉他们："微笑是免费的。尽量保持宽容，让大家知道你是友善的。"

关心人家，是每个人都可以做到的。

与人打招呼，是很容易做得到的事，却能令他人非常快乐。

孩子们曾经问我："为什么要做这些事？"

我告诉他们："做这些事，就是在表示我们尊重他人。表示你知道他的存在，表示你高兴见到他，愿意为他服务。这就是待人处事的基础。"

2.2

你的孩子是一个值得信赖的人吗？

信赖是品德教育的核心之一。不受人信赖的人，交不到真心的朋友，做事时也难得到他人的信任，公私两方面都会受挫折。

如果孩子学会了用说谎或背叛亲友来保护自己，他的人生就会变成一个又一个谎言的连续，慢慢自尊也会降低。

所以我们要从小训练小孩子成为一个值得信赖的人。

让我们先了解一下信赖是什么，信赖是由四个主要特质组成：

正直：守法，言行一致。

诚实：不会说谎，忠于传达真相。

可靠：遵守诺言，履行承诺。

忠心：不会出卖别人。

那么我们如何教孩子们培养他的可信赖性呢？有几种方法可以学习。

一、家长成为好榜样。

首先父母不要撒谎，做了承诺，就要实现。要守规矩，不出卖朋友。

父母成为一个正直、诚实可靠和忠心的人，这样孩子才会信任你，依靠你。

有信任和依靠的对象，他们才会学到依靠自己和信任自己。不相信父母的孩子，很难学习信赖。

二、教孩子谎言会伤己害人。

孩子们需要明白，欺骗的行为会带来数不尽的痛苦。说了一个谎，为了不被人发现，就要继续撒谎，不知不觉成为一个虚伪之人，时常提心吊胆，怕人揭穿自己真面目，在面具后过彷徨的人生。受人信赖是件好事，不受信赖是可怕的。问心无愧的人生，才是快乐的人生。

三、相信孩子。

父母要信任孩子。如果他们没有赢得你的信任，你就要教他们用什么言行，才能够得到你的信任。

孩子只有在被信任后，才能学做一个诚实的人。所以父母必须相信孩子，相信他们是好的，深信他们是有能力的。就算他们撒谎，也要相信他们能够改过。父母的信赖，直接影响孩子是否能成长为一个被信赖的人。

四、分享你的感受。

孩子说了谎，你可以告诉他们你是多么伤心。因为你爱他们，所以你需要信赖他们，也需要他们信赖你。孩子明白谎言会伤害爱他的人，他就会反省。

五、不要苛刻地责备。

当孩子做了不诚实的事时，不要过分责备。因为孩子会为了逃避责备，不敢对你说真话。

所以你应该告诉他，他无论做了什么事，你对他的爱是不会改变的。当然他错误的行为是不能够接受的，一定要改过，但你对他的爱，是永远不会减少的，所以什么话都可以跟妈妈说。

六、为他们提供机会。

让孩子有机会表达他们是值得信赖的人。例如交给他们一项任务，让他们证明自己是可靠的。完成任务时，和他们一起庆祝，充分表示你如何信赖他。

这些方法是每天都可以做的，但想要孩子明白这些道理，并不简单。

我也有遇到孩子说谎的经验。

第一次发觉大儿子说谎，是在他二年级的时候。他把考试的结果藏起来不给我看，过了几天，我在他的背包里找到试卷。我问他为什么不给我看，他说："考得不好，我怕你失望。"

我很吃惊，原来孩子竟认为他考得好我才会高兴，他考得不好我就会失望。其实并不是如此。他考得好与不好，我爱他的程度是不会变的。我只要知道他努力过就可以了。

但孩子怕失去我的欢心，竟然说谎。

我和他坐下谈了八个小时，让他知道妈妈的爱是无条件的，而说谎是非常危险的事。因为说了一个谎言，为了不被揭穿就要说另外一个谎言。为了第二个谎言不被揭穿，就要说第三个谎言。如此这般，人生就会成为谎言的连锁，令自己和家人之间拉开距离，回头一看，妈妈已经很远，看不到了。

当初他不大明白，但反复的解释之后，他终于明白妈妈无论如何也是爱他的，不需要向妈妈说谎。因为做得好、做得不好、做得正确与否，妈妈都会在身边，和他一起反省或一起高兴。说了谎，人与人之间的关系就会越来越疏远。

我还告诉他一定要做一个正直的人，否则其他人就不会信赖他。不被信赖的人，慢慢就会变得孤独，没有人会跟他玩，没有人会做他的朋友。

我们一边谈话，又哭又笑，又休息，又吃一点小东西，但真的前前后后说了八个小时。说完之后，两人累得要命，拥抱在一起睡着了。

但经过那次讨论后，大儿子真的成长为一个坦白正直的年轻人，直至现在也很受人信赖。

二儿子和小儿子同我做了同样的讨论，都是当我第一次发觉他们说谎的时候和他们坐下来谈的。

要小孩子明白这个道理并不容易，但当父母的一定要努力，否则第一个谎言会变成第二个谎言，第二个谎言会变成第三个谎言。所以我们等一次发现时，就要让孩子知道绝对不能撒谎。

为了让孩子成为一个遵守诺言的人，我们对他们承诺了的事，一定要做。

譬如，答应了和孩子去骑单车，虽然刚好那天特别累，不想去，但也不可以随便放弃定下来的诺言，即使多疲倦也要遵守。如果真的做不到，就要和孩子好好地商量，让他们理解，否则孩子就会觉得原来诺言不是很重要，不履行也没关系。

我时常教导小孩子不可以出卖别人。如果是自己做错了，一定要承认，不可以把责任推到其他人身上。亲人或兄弟做错了事，自己也有部分责任，那时候一定要挺身而出，大家互相帮助一起改过。

所以他们三兄弟的感情特别好。

有一次当爸爸要惩罚二儿子的时候，大儿子和小儿子竟然跪在地上，哭着为二儿子向爸爸求情。我当时非常感动！

直到现在，他们三兄弟的感情依然非常好，互相信赖互相依靠。

能够互相信赖、互相依靠是一种非常幸福的感觉。如果你希望孩子能够拥有幸福的人生，培养他们成为一个被人信赖和能够信赖他人的人，是非常重要的。这项品德教育，基本要在家庭进行，所以父母必须承担这个责任。

2.3

给孩子足够的玩耍时间

玩耍在小朋友的成长中是必须的。因为通过玩耍，小朋友能学会如何做人。大部分生存需要的基本能力，都能从玩耍中学习得到。

通过玩耍，小朋友能学会守规矩、运用脑袋、想象力、控制情绪、强健身体、交谈、表达自己、爱护别人等等。

从玩耍之中更能学到与人相处的方法。拥有出色社交技巧的孩子，可以找到很多方法获得他们想得到的东西。不但容易交到朋友，还能找到导师，学会如何处世待人。

玩耍中小朋友可以体会到成功的喜悦，和失败的痛苦。

可以说玩耍是人生的预习。当他长大了，面对真正的失败和成功的时候，也会知道如何处理。

我们要分清楚，这里谈的玩耍是"自由玩耍"——free play。不是由大人监督的玩耍，而是小朋友可以无限制地去玩。

但大量研究发现，在过去的几十年里，儿童"自由玩耍"的时间大大减少。

大约同时期，从90年代以来，儿童的IQ分数上升，但创造性思维能力却降低。尤其是从幼儿园至三年级的学生，跌幅最高。儿童的情绪表达能力、口头表现、幽默感、想象力，都一律降低。研究者指出，这是与"自由玩耍"的时间减少有关系。

更有一个针对九至十岁儿童的研究，发现做比较多有氧运动的小朋友，大脑发达得较好，注意力和记忆力会有优势。没有足够运动的小朋友，大脑的发达程度则比较差。因为自由玩耍的时间年年减少，专家怕一部分小朋友的大脑会退化。

为什么儿童"自由玩耍"的时间越来越少呢？

一方面是因为学校的要求越来越高，令小朋友功课增加，玩耍的时间减少。另外一方面是家长们的忧虑。因为每个家庭的孩子人数减少，家长把所有注意力放在一两个孩子身上，希望他们能出人头地，所以会尽量给孩子多些机会接受精英教育，例如兴趣班、补习班等等。更有些家长因为工作太忙，为了找人看管孩子，把孩子每天的活动排得满满的。这些活动对孩子也许是有帮助的，却令他们能"自由玩耍"的时间越来越少。

当孩子在一群人之中学习时，他不可以自由发挥自己的想象力，也会被周围的指导者限制他的行动，只能在课程的范围之内思考，而且很多时候都会被比较。

但其实孩子需要完全没有制约的空间来发挥自己，这样他才可以自由发挥出真正的潜力，家长也可以观察到孩子的特长在哪里，更可以看到孩子究竟最喜欢做什么。

孩子在自己设计的玩耍中找到乐趣或得到赞赏的时候，会得到很多信心，令他有勇气继续接受挑战和放胆表达自己。

无目的地跑来跑去，爬高爬低，是小孩子的身体和智慧健全发育的重要条件。运动能帮助新陈代谢，刺激身体的成长，令他们胃口也好，血气也足，不但对身体健康有益，而且精神上也会开朗。太长时间坐在室内或听大人说话，并不是健康的生活。每天一定要给时间小孩子到外面玩耍，否则他们的抵抗力会降低，无病都会变成有病，反而影响其他活动。

小朋友有很多需要发泄的精力、活力和体力，每天都需要时间去释放这些力量，否则他们会觉得烦躁、不安定，也会睡得不好。

人类是天生喜欢活动的动物，尤其是小朋友，需要时间释放精力、锻炼身体，这样他们才会健康强壮。

去年美国的小儿科医生学会发表了研究，担忧小朋友没有足够的自由游戏时间，会令他们身心的成长出现障碍。

联合国儿童基金会也留意到这个趋势，提倡每天给小朋友至少一小时自由玩耍的时间。

在这一小时，他们做什么都可以，但不是用来玩消极的游戏，如打手机、电子游戏或看动画等等，而是积极的游戏如跳绳、打球、演戏、和伙伴玩游戏、跳舞、跑来跑去，什么都可以，让孩子们尽情自由的去玩耍。

当我的孩子小的时候，无论做什么事，我们都会当是一种游戏。

每天放学后，他们都会到公园玩一小时才回家。回到家后，做功课和温书时，我也尽量把这过程变成游戏。因为我相信童年应该是快乐的，每天都应该充满着玩耍。我希望让孩子感觉到每天都是很刺激、很兴奋的日子，每晚都舍不得睡觉，每天早上都想快点起床。这就是我的理想。

所以在孩子小时候，我是一个非常好玩的妈妈，一家人每天都在想着如何玩耍，因为从玩耍之中，我们可以学到所有在人生中需要的东西。

玩耍是百利而无一害的，是小朋友的生命中不能缺少的东西。快乐的童年就是不遗憾的童年。玩耍的时间绝对不是白费的，尽情地去和孩子玩耍吧！你一定不会后悔的。

2.4

如何和孩子谈校园欺凌？

首先家长一定要清楚什么是欺凌。大多数的孩子都有被戏弄的经验，如果是在俏皮和友好的气氛中，互相爱护，双方都觉得很有趣的话，就没有大问题。但是当戏弄变得有伤害性和不友善，就一定要停止，因为那已经变成欺凌了。

什么是欺凌呢？

欺凌是用身体、语言或心理方式故意折磨对方。

有些时候是打人、推人。有些时候是威胁、嘲笑、勒索金钱或物品。有些时候是不理睬或散布谣言。更有些时候是利用媒体来嘲笑和伤害他人。

校园欺凌，其实所有人都参与其中的。欺凌人的学生、被欺凌的学生、旁观的学生、老师、家长，都是参与其中的。

在斯坦福攻读博士学位的时候，我们也讨论过有关欺凌的事。

有一位同学，为了研究博士论文，到日本的学校观察。

班里有一位小朋友，是需要拐杖辅助走路的。每天他都看到有些学生会欺凌这位小朋友，可是因为他是一个旁观者，不可以插手，就没有告诉老师，只是静观其他小朋友和老师的行动。

但有一天，在校园里那一群霸王，围着那位小朋友，拿走了他的拐杖，把他拉到圈子的中间，然后说："爬过来拿！快爬过来拿吧！"把他的拐杖传来传去。那位小朋友爬来爬去也不能抢回拐杖。我的同学看不过去，抢回拐杖还给了小朋友，然后对其他学生说："你们怎么要这么凶？不应该欺凌弱小的同学！"赶走了霸王们。被欺凌的小朋友拿回拐杖，多谢也没有说一句，就走了。

同学觉得事情严重，找到班主任，告诉他这件欺凌的事。

班主任不但没有感谢他，反而说："请你不要做多余的事。那位残废的小朋友，需要学会怎样去保护自己。所以这种训练是必须的，请你不要插手！"

我们的教授问我们，谁是谁非。

大部分学友都觉得老师是不对的，应该用全力保护小孩子，也要责备和惩罚欺凌小孩子的那些霸王。

教授问我的意见的时候，我说："这老师是不合格的。原因是他没有做好老师的本分。当然要保护受欺凌的小朋友，也要责备和教导欺凌人家的霸王，但他犯了最大的错就是没有教导旁观的小朋友帮助他人。小朋友不可以看到也不出声，或因怕事而不敢报告，更不可以觉得不关我事、我没有责任去理会。作为一位老师，他自以为训练弱小儿童成为坚强的大人是最重要的，却忽略了教导其他大部分的小朋友。所以他是失职，他不理解他的责任。"

　　教授和学友都非常同意我的意见。

　　防止欺凌最大的关键，就是零容忍，zero tolerance，包括老师、学生和家长。反校园欺凌是每一个人的责任，这种思维可以防止严重欺凌在学校里面横行。

　　欺凌发生的时候，我们一定要非常严肃地处理，因为这对受害的小朋友会有严重的影响。他会失去安全感和自我价值感，严重的情况，欺凌可以导致不愿上学，甚至自杀。所以我们不可以当是一件等闲的事。

　　为什么小孩子会欺凌人家呢？

有很多种原因，有些时候是他们需要有一个受害者来发泄自己的不满；有些时候是用来示威，希望更受欢迎；有些时候是因为他们在生活中也受到同样的对待；更有些时候是受电视或动画里的暴力所影响。

但大多时候都是因为他们从欺凌人家之中得到优越感。无论如何，欺负别人的小朋友，心理并不平衡，需要心理辅助。

受欺凌的小朋友，很多时候都不会告诉家长或其他人。因为他们觉得羞耻、尴尬或不想父母担心。

但我们可以留意一些警告信号。

譬如小孩子比平常看起来特别焦虑，不吃东西，睡得不好，对平常很喜欢做的事情也不感兴趣，容易情绪化，心烦意乱，或逃避坐校车上学，甚至不愿上学。这些警告信号出现的时候，要和小孩子清楚讨论一下，他是否受到欺凌。

发现小孩子被人欺凌的时候，我们要冷静地告诉孩子，不是他的错，不需要觉得羞耻。有问题的不是他，而是那些霸王。叫他不要害怕，一定能找到解决的方法。

你可以进一步了解情况，如果十分严重，需要与校方联络，请老师和其他同学保护孩子。

若你认识对方的父母，可以坐下来和他们商量如何处理。不要一开口就警告他们，而是以父母的心来告诉他们，被欺凌不是一种教育；欺凌人家的小孩子，心理上需要调整，特别需要父母的教育。

当我与儿子们讨论欺凌的时候，我会先解释给他们听什么是欺凌，告诉他们不要欺凌人家，受到欺凌的时候一定要向父母报告。但最重要的，就是如果他在学校里面，看到有人被欺凌，一定要回来和父母商量，看看如何帮助被欺凌的小朋友，因为反欺凌是每一个人的责任。

有一次，当大儿子发现校内有欺凌时，他真的来告诉我。我先静静地安慰了受欺凌的小朋友，也告诉了她的妈妈。我们告诉欺凌者的妈妈的时候，她们都很惊讶，不知实情。后来大家合作教导孩子们改过了。事情解决后，我还记得我到校园一个一个地拥抱那些欺凌人家的小朋友，多谢他们明白事理，爱惜他人。以后，到他们小学毕业为止，没有再发生欺凌了。

有些家长会对孩子说："为什么你那么没用！人家打你，你就去打他吧！"这不是一种好的教育方法，因为这是助长互相伤害，而且孩子会觉得是自己没用。

也不要说："管他怎么说也好，不要理会他。"孩子会觉得非常难受，不能容忍。我们要理解他的感受，不要当成小事，要积极地帮他解决。

在美国和日本的学校里，欺凌也十分普遍。有些孩子因此不想上学、自杀，甚至反过来伤害别人，酿成枪杀事件。

所以不要小看欺凌的严重性。为了防止下一个悲剧，我们和孩子一定要好好认识欺凌，有面对欺凌的勇气。

2.5

日常讨论社会新闻的重要性

教导小孩子对社会和世界产生兴趣，是培养有见识和有主意的孩子的基础教育之一。

关注社会大事，可令小孩子明白自己是地球的一分子，令他能够想象在各种情况中生活的人，感受到世界的脉搏，在无意识之中建立一个珍贵的知识库。

家长可以和孩子们一起看新闻，解释新闻的内容，问问他们的意见。

看到犯罪事件，可以告诉他什么是对什么不对。

看到伟大的人说话，可以从讨论当中得到启示。

看到善良的行为，可以证明世上有很多好人。

看到煽动性的新闻，或不负责任的谣言，可以告诉孩子要小心看清楚新闻的内容。

吃晚饭时，可以向爸爸或在场的大人提起和孩子们讨论过的新闻，问大人的意见。这样，孩子会有机会听到多方面的看法。

讨论新闻是当下的社会教育，值得多多利用。

但给孩子看新闻时也要注意。有些小朋友看到天灾人祸的恐怖场面，可能会受不了。根据孩子的年龄，家长要小心观察孩子的反应。

有些敏感的小孩子看到残酷的场面，晚上会做噩梦，害怕那件事会发生到他们身上。看到天灾的画面，会害怕到外面，甚至听到一点声音也会尖叫。

所以父母要让孩子知道，战火中的画面是在其他国家，不是自己的周围。但我们要知道有很多人在受苦，要有同理心。

看到地震、海啸等等天灾的画面，我们要特别小心地告诉孩子，这并不是每天发生的事，只要大家准备得好，就不用害怕。

更需要教他们如何做准备。地震发生之前如何去防灾，如固定家具；睡着的时候要小心头上有东西掉下来。平日要做好逃难练习，地震发生了可以做些什么事，譬如应立刻关火，躲在桌下，等等；在哪里等爸爸妈妈，若一个人在家，应该如何求助；等等。小朋友学习了这些东西后，就会觉得安心，有保障。

到小学高年级，小朋友会开始自己接触社会上的新闻。有些时候是在学校里，有些时候是在手机或电视中。那个时候，最重要的就是要知道他们看了些"什么"新闻，尽量了解他们有没有接触到有害的信息。多和他们交谈，锻炼他们的判断力。若有一些新闻他们不能太了解，可以和他们一起寻找真相。

到了初中高中，媒体会开始针对性地控制年轻人的思想。这个时候，父母更加要积极观察孩子们有没有偏激的想法，教导他们不要完全相信媒体。

有些信息会影响他们的人生观和品德，所以要特别小心。

譬如，媒体上常常谈及明星穿了什么名牌，婚礼是多么名贵，真好！真棒！真羡慕！孩子们就会认为这就是他们的人生目标。

媒体上也常常说："某某明星的身材很窈窕，特别好看。"那么女孩子就会觉得一定要很瘦才是好看。这都不是正确的想法，但年轻人很容易受到影响。

遇到这种情况，我们可以引导他们看看一些正面的新闻，让他们的脑袋里面有一种平衡，能有多一点人生的标志。

从小我们家里都是和孩子们一起看新闻的。我会坐在他们身旁，问他们的意见，讨论新闻的内容，帮助他们了解世界。

到他们四年级的时候，每个星期，我都会叫他们从报纸上找一个他们觉得有兴趣的话题，把那篇新闻剪下来，写一篇感想。

这个方法，让我知道他们对什么事有兴趣，而且可以训练他们看报纸和理解当中的内容。

把关注新闻变成日常的习惯，会帮助孩子成为一个有责任感的大人。在社会上与人交流的时候，有一个有深度的知识库。

我的三个儿子，有熟读新闻的习惯，也会从各种媒体看同一条新闻，追求真相。这令他们能够触摸到社会的进展，变化的脉搏。因为他们知道潮流向哪一个方面去，所以他们能策划下一个社会的潮流，在投资、工作或交友方面，都非常有利。

所以从小教导孩子关注新闻，会对他们的将来有非常好的影响。

如果你希望你的孩子成长为一个有想法、有主见，又能创造潮流的人，现在开始和他们一起看看新闻吧！

2.6

如何教孩子爱护他人？

当我们教孩子爱护他人的时候，首先要教他爱护自己。

不能够爱护自己的人，也不会知道如何爱护他人。

很多时候我们会听到这些话："因为他成绩好，所以被爱护。"

"因为他长得好看，所以被爱护。"

"因为他有很多玩具，所以同学们都喜欢他。"

"因为到她家里可以打游戏机，所以她特别受欢迎。"等等。

这些想法，都是错的！

我们要教孩子欣赏每一个人，不是因为他们能够做到什么，或他们是什么肤色，他们好看与否，或他们拥有什么东西，才去爱护他，而是每一个人都是值得爱护的。

为了令孩子明白这个道理，我们先要无条件地爱我们的孩子，这样他才能体验到被爱的感觉，知道如何去爱护人。

其次，我们要让孩子理解自己的感受，可以多问问孩子有关感受的问题。

譬如，你现在觉得怎样？开心吗？

是怎么样的开心呢？

是兴奋的开心？或是得到奖励所以开心？或是有机会关注人的开心？或是达到目的的开心？或是因为可以和朋友玩耍的开心？

鼓励孩子用各种角度去形容一个感受，这样孩子对自己的感受会有更纤细和深刻的印象，可以培养他成为一个感性的人。

能够关注自己感受的孩子，对他人的感受也会特别敏感。

当孩子懂得爱护别人，就会感觉到什么人需要他的安慰，会自发爱护别人，而且会细心和有诚意。

有很多游戏可以帮助小朋友明白爱护别人的快乐。譬如：

一家人坐在一起，每一个人都有一支笔和一张纸。然后大家一起写下形容你旁边的人的十个关联词，最快写完的人开始报告。这个游戏是十分好笑的，也可以知道小朋友心里面是如何想周围的人的。

若孩子发表的感受是负面的话，大家可以讨论，为什么他会这样想。最后一家人会更加明白彼此，能更真心地爱护大家。这个游戏和朋友也可以一起玩，是十分有趣的。

和小朋友一起阅读有关友爱和爱护别人的书籍也是好方法。有很多儿童绘本是教导他们如何去爱护别人的。有些是快乐的，有些是感人的。选择多些好书，和孩子们一起分享吧！

除了书籍，也有有益的歌曲和影像，都可以和小朋友一起欣赏，让他们知道爱是一份喜悦。

家长更可以和小孩子一起做义务工作，让孩子明白社会上有很多人需要他的帮忙。当他帮助了别人，就会感受到爱人的能力。

我有一个游戏，是时常和小朋友一起玩的。

因为我是联合国儿童基金会大使，每年都会去需要援助的国家探访小朋友。

和他们交流之后，我会给他们一个功课，就是回家之后向家人说一句"我爱你"，但是要用外国语说出来！

譬如我会教他们用英语说"I love you"，然后要他们一边说一边拥抱家人。孩子要说"我爱你"已觉得有点害羞，还要拥抱？！他们很多会表示抗拒。那个时候，我就会说："你可以用我来练习一下的。"小朋友就会跑上来拥抱我，练习说"I love you"，可爱得很！

有些小朋友甚至去拥抱其他的义工朋友来练习。

每次做这个游戏，我们都会被小朋友的热情感动到落泪。

教导孩子如何表达爱护别人，会减少他们害羞的感觉。

我在义务工作中，会接触到不同的"边青"，就是有点品行问题的少年少女。我帮助他们改过的方法是首先全面地爱护他们，让他们知道我接受他们的过去，但更期望他们的未来。无论他们过去做了什么，只要他们改过，我对他们的爱是无限量的。

然后我就会找机会让他们爱护和帮助其他人。

当这些少年少女发觉人世上有需要他们爱护的人，在得到他们帮忙后，真的感到快乐的时候，少年少女的眼睛里会发出光彩。因为他们感受到爱的力量。那种爱是由他们自己发出的。他们确认了这正面的力量之后，很快就会改好过来。

要让孩子知道，爱护别人时，得到最多恩惠的是自己。

每一个人诞生在世上，都有爱护别人的能力，这是生命之中最大的力量。无论在什么情况之下，甚至当你病了、受伤了，也可以爱护别人。

如果你能爱人，就表示你有活着的勇气和对未来感到有希望。

能无私地去爱人的人，会度过一个非常幸福的人生。当然这是非常难达到的目标，但我们可以告诉孩子，爱人是人生中最大的喜悦，所以有机会爱护别人的时候，绝对不要放过。

家长要全心明白爱的力量，因为爱就是人类生存的最大的力量。

教导孩子爱护别人，就是引导孩子过一个有意义和有满足感的人生。

2.7

如何教孩子原谅他人？

原谅他人并不是一件容易的事。

在心理学上，宽恕是其中一个特别难解决的课题。

当别人伤害了我们，我们要原谅他人，才可以开始自我治疗。如果我们不能原谅，就会加深伤口，令自己无法释然。

所以从小要教导孩子这原理，好使他们能有宽容之心，为自己为别人增加快乐和平。

让我们先谈谈宽恕的涵义。

当别人伤害了自己，但并不是故意的，或向自己诚意道歉的时候，原谅他人并不是太困难。

但当别人伤害了自己，又不愿意对他的行为负责任，甚至坚持他没有做错任何事，这时要原谅他，就十分困难了。不原谅他，表示自己是对的，对方是错的。如果原谅了他，就好像认同了他做的事。所以很多人不能容易原谅他人。

但坚持愤怒和怨恨，只会带来焦虑和忧郁。教导孩子快点原谅人，可以阻止孩子觉得自己是受害者。受害者的情绪会受怨恨和愤怒控制，令孩子不能做自己快乐的主宰，无法面对未来。

所以，宽恕别人并不是给被宽恕的人一个恩惠，而是给自己的一份礼物，为自己快乐而做的事。

那么我们如何教导孩子原谅他人呢？

首先我们要告诉孩子，原谅并不是表示忘记或者赞同对方的行为。

其实原谅就是"我不喜欢或欣赏你的言行，但我愿意放手。因为不原谅你，不能帮助我自己"。

我们更加要教孩子理解，为什么那个人会做对不起自己的事。

当孩子知道对方行动的原因，会比较容易原谅对方。

最重要的是要解释真正的原谅，是没有条件的。不可以说："如果你给我拿书包一个星期，我就原谅你吧！"这不是真正的原谅，是敲诈勒索。因为真正的宽恕，应该是无条件的。

我们也要解释一下不原谅他人会有什么后果。

怨恨令我们无法前进，陷入过去不快经历的情绪中。如果你充满苦涩，就会把这情绪传给人，把你的痛苦传染到其他人身上，对己对人都没有好处。

孩子在成长期间，会体验到与别人争吵和斗气，这其实是一个很好的训练机会。碰到这些事情时，让孩子学习如何和别人和解，培养他们原谅别人。即使是小问题，都向他们解释清楚宽恕的原则。

但是，家长不要强迫孩子原谅他人或接受道歉。因为原谅一定要发自孩子的内心，否则他一直都会觉得不舒服，所以要给他机会说出他的感受。譬如："乐乐，我生你的气，是因为你吃了苹果，又跟老师说是我吃的。下次你不要撒谎，不要埋怨我。但我这次原谅你，因为你已经道歉。"

让孩子把原因说出来，会令他感觉到一种解脱，而且两个人真的能够和解。

宽恕是一种解放，如果我们需要别人改变才能得到快乐，我们就是一个囚犯。我们会被愤怒和怨恨所束缚，感到非常难受。

我们渴望对方向自己道歉，渴望他理解我们的痛苦。我们的要求集中在他人身上，但很多时候不能得到对方的同理心。

所以我们难过，不能控制情绪。但如果我们能够原谅他人，就能够开始爱护自己，为自己提供关怀。我们不一定需要他人的爱，才能得到幸福。

只要我们能够明白幸福的主宰是自己，原谅他人就不会那么困难了。宽恕就是选择自爱，给自己自由。

我教孩子时，是采取以身作则的方法。我的父亲有一句格言就是："如果有人时常欺负你和做对不起你的事，那你就去祈祷，希望他得到幸福和快乐。因为当他得到幸福的生活，他就不会来骚扰你。"

也就是说，"希望对自己不好的人幸福"。

对年幼的我来说，这个理论很难理解。但长大之后，我觉得爸爸的话是非常有高见的哲学，这种想法令我的人生更加充满爱和宽容。

所以我也把这个想法灌输给我的孩子。从小，他们不会犹豫去原谅他人。在我的记忆中，我没有蓄意教导孩子原谅朋友。因为很多时候，他们会自动自觉地宽恕他人。

人长大之后，人际关系会越来越复杂。我希望我的儿子们，能够保持这个思维方式，不会执着于仇恨和愤怒，让自己的生活充满正能量。

2.8

如何在日常培养孩子的领导力？

不单每一个社会需要有领导能力的人，其实每一个家庭都需要。所以就算孩子长大后，不愿在社会上当领导人，在家里也必须要有领导力。成为一个有责任的人，每一个人都需要有当领导者的准备。

那么我们如何培养孩子成为一个有领导力的人呢？

什么是领导力？

首先领导者需要能够创造一个鼓舞人心的未来远景，然后激励人们参与这一个远景，再用管理能力去建立团队，一起把远景实现。

在日常生活中我们可以鼓励孩子有远见，培养他们有动力，做一个愿意为人服务、有同理心的人。还要他们有创造力，有力量去建立和管理团体。更要有冒险精神，不怕失败和拥有改进自己之心。

听起来，这是一件非常困难的事。说实话，真的并不容易达到。但我们能用自己的力量，培养孩子的领导力。

首先让我们做一个好榜样。

如果父母在家庭里或者在事业上能够领导团队，迈向同一目标的话，孩子就会学习到如何带领他人。

在我们的家庭中，我的丈夫是一个有领导力的人。大家决定了目标之后，他会作好各种计划，鼓励我们参与。他会做出计划 A、计划 B、计划 C。计划 A 不能进行的时候，永远都会有一个候补方法，令我们心服口服地接受他的领导。

孩子们看到爸爸这种做事方式，学会了很多做领袖应该做的事。我相信爸爸的领导力对我的孩子们有很大的影响，让他们知道用什么步骤去带领团队达成目标。

孩子小时候，我鼓励他们参与小组活动，让他们根据自己的兴趣来选择，譬如体育运动、音乐艺术、义务工作、烹饪等等。小组活动是一种珍贵的体验，因为他们可以看到领导人如何带领团队，又能够明白队员的心理。当他们有机会当领袖的时候，就会更加了解如何带领团队。

我的孩子们都有参与小组活动，棒球队、足球队、羽毛球队、学校里的合唱团、演艺班等等，从中学会团体精神。等他们到了高年级，他们都是学生领袖，负责带领新生。

每一个领导者都要学会与人妥协的方法，就是能够商量，能付出，也能够满足自己应得的条件。所以多和孩子们讨论如何解决问题，让他们明白世界上不是每一次都可以从心所愿，很多时候要懂得让步，但有些时候也要坚持。一方面教他们接受人家的意见，一方面也要懂得如何说服他人。

所以当孩子想做一件事的时候，就算我本来就赞成，但我仍会问：为什么我们要同意他的意见？给他们机会来说明、说服我。这个做法会令他们探讨自己的意见是否合理，也可以锻炼他们如何解释清楚自己的想法。

要教导孩子做出正确的选择，因为人生就是选择的结果，所以要多给他们机会做聪明的选择。我们家里从小训练孩子做出自己的选择，先给他们选择的材料，然后让他们自己做决定，是好是坏也要自己承担后果。

要鼓励孩子不怕吃苦，答应了做的事，一定要承担。而且要觉得有机会工作，是一种机会。为了培养孩子们拥有这种思维，我是以身作则去教导的。

我时常表示有工作是幸运的，不是因为有很好的报酬所以去做，而是当我觉得这工作是值得的话，我就会全力以赴。不单是全力以赴，而是以十二分的努力去做。这样才可以学习到更多东西，而且会给别人惊喜。

和孩子们多玩游戏，让他们尝试成功和失败的滋味。胜败都是人生必经之路。在游戏中让他们知道如何大方接受失败，和成功的时候要谦虚待人。我和他们在家里玩游戏的时候，绝对不会因为他们是小孩子而让他们。我会认真和他们竞争，一开始他们是会输的，但很快就会开始赢。当他们开始赢的时候，我会找一些更难的游戏，让他们重温失败的味道。重复这样做下去的时候，他们就会学习到无论输或赢，都要用大方的态度接受，从中学到很多处世哲学。

为你孩子找寻多些导师，这将会是他们最宝贵的财产。

不只可以从导师身上学到很多东西，导师也会成为他们最好的智囊和商量对象。我时常为孩子们介绍不同人物，当中有些人特别喜欢他们。到现在他们都各有导师，令他们的人生更有安全感。

说到这里，相信大家已经明白其实当一个领导者，需要很多条件。但我们可以在日常中帮助孩子拥有领导力。不是每一位小朋友都喜欢成为领导者，而且领导人的方法也是各有不同。

大儿子的领导方式像爸爸，用充足的准备和策划令大家对他有信心。二儿子的领导方法是收集大家的意见，然后推动各人去相信自己的能力，一起追求达到目标的途径。三儿子是用他的正能量，吸引大家协助他达到目标。

你的孩子也一定能够找到自己的领导方式。

其实我自己也不是一个领导的材料，但当了妈妈之后，就不知不觉成为了一个领导者。因为我需要在很多情况下带领我的孩子，又要有远见，更要鼓励孩子和我一起达到大大小小的目标。

当妈妈之后，我发觉自己的领导能力提高了很多。

一方面学习做一个领导人，另一方面去培养小孩子做未来的领导人。因为我希望在有需要的时候，他们能够为自己，为他人做出聪明的选择，带动自己和他人，寻找到快乐和幸福。

2.9

如何和孩子谈性？

很多家长都觉得和孩子们谈性非常困难，但我鼓励家长，从小与小朋友谈及生命的奥秘。

我记得，当大儿子三岁时问我："BB 是从哪里来的？"我告诉他："BB 是在妈妈的肚子里面成长，成长到可以面对世界的时候，就会从妈妈的肚子里走出来。"

他问我是不是肚子打开，然后小 BB 走出来。我告诉他："不是的。每一个母亲在大腿之间，都有一个小洞。BB 是用头通过很狭窄的隧道，从那小洞出来的。妈妈会用力帮助 BB 从那个小洞诞生出来。"我告诉他："你也是这样诞生的。你可能记不得，但你是非常勇敢和妈妈一起成功地诞生到这个世上。"

他又问我："为什么肚子会大？"我告诉他，那是爸爸给我的礼物。爸爸给我种子，和我的卵子结合在一起，就会变成 BB，慢慢在妈妈的肚子中成长。

后来，我再次怀孕的时候，会和他一起看着我的肚子一天一天地大起来。我告诉他 BB 在妈妈肚子里面成长："你看，他在踢妈妈的肚皮！""来，我们为 BB 唱歌。"让孩子期待小生命的诞生。

当小弟诞生的时候，哥哥喜出望外。

我鼓励家长们早点和小孩子谈谈生命的诞生。用他们明白的说法，解释生命的来源。

孩子到9岁左右，我会向他们解释荷尔蒙的影响，告诉他们当进入青春期时，男性荷尔蒙、女性荷尔蒙和成长荷尔蒙，会帮助他们从孩子变为成人。在这个阶段，因为荷尔蒙的影响，他们的情绪会很不安定。但不要惊慌，因为过了这个阶段，他们就有能力成为爸爸妈妈，帮助维持人类的延续。

有了这个基础，当孩子到青春期的时候，就可以向他们解释人体的分别，有男，有女。

当男女相爱，觉得可以承担生命的责任的时候，就会通过性交，一起制造孩子。孩子就是他们爱的结晶。

性交行为的解释，只需要很短时间就可以说完，但性的意义和后果，却需要多一点时间去讨论。

孩子们进入青春期，就会开始对异性产生兴趣。我会解释给孩子们知道，这是正常的，是对人类的存亡非常重要的。

但男女之间的性欲是有分别的。

从生理学上来说，生物会全力争取在世上留下自己的遗传因子。

男性在一生之中可以制造很多孩子。所以他们会希望能和更多女性性交，增加遗传因子留存在世上的机会。所以男生是积极的和攻击性的。

但女性一辈子可以生小孩子的数量是有限的。所以女性会特别小心选择对象，希望选到一个拥有健康和生命力强的遗传因子的男性。所以女性是比较消极和保守的。

但现在的社会，性交并不是以制造BB为主要目的，而是一种爱的表现和满足欲望的行为。

我会告诉孩子们要珍惜对方，珍惜自己，对性行为要谨慎。否则能从性交得到的满足感，就不会是值得珍惜的了。而且若避孕失败，怀了孩子的时候，要承担当父母的责任。年轻人还没有能力当父母的时候，不可以受欲望支配而轻易地进行性行为，应该要真的喜欢对方，能珍惜对方，才可以做出进行性行为的选择。而且也要做好避孕的措施。

虽然要教孩子谨慎，但也要让他们知道，相爱的人之间能够创造生命，是一件非常神奇和幸福的事。所以相亲相爱的性行为是美丽的、珍贵的，和值得去寻求的。

社会上有很多诱惑和存心不良的人，所以要教孩子小心保护自己，不要堕入他人的阴谋，否则后悔也太迟了。

我们要教导孩子不能做加害人，也不要做受害人，鼓励他们有什么问题要和父母商量。

用正面和开明的心态与孩子们讨论性，是非常重要的。因为现代社会有很多不正确的情报，为了避免让他们对性有错误的见解，父母应提早让他们知道，性行为并不是一件不可告人的事，而是正常和神圣的行为。

当我送孩子们到美国留学时，我对他们说："No drugs, no booze, no babies." 也就是说"不要吸毒，不要喝酒，不要制造孩子"。他们到现在还会笑我太操心，但孩子长大后，面对社会的诱惑时，需要在脑袋里有明确的标签，好让他们能控制自己。

请父母不要犹豫与孩子们谈有关性的问题，因为正确的性观念和知识，是保护孩子最好的方法。性行为的基础应是爱人爱己，只要孩子能明白这一点，我相信他们会做出好的选择。

2.10

如何指导孩子的恋爱和婚姻？

恋爱和婚姻都是人生大事，但有很多父母，都没有和孩子好好讨论这两个问题。

什么时候开始谈恋爱呢？

什么时候适合结婚呢？

因为恋爱和结婚，都不是一个人决定的事，所以是很难控制的。

即使自己尽了全力，若对方不喜欢自己，也未必能够得到完美的结果。

孩子到了青春期，自然会对异性有兴趣。我们应该告诉孩子，这是正常的，可以喜欢对方。如果对方也愿意和孩子交往，父母不应该制止。自由恋爱是年轻人的权利，当父母的不能够过分干扰。但要令孩子明白，不可以因沉迷恋爱而放弃学业。

恋爱和结婚应该是同一条线上的延伸，但很多时候，相亲相爱的人也不能够结婚。也有很多婚姻，是基于条件，而不是基于感情。

我鼓励自己的孩子，不要受条件束缚，应寻找自己最爱的人作为结婚对象。

现代社会是一夫一妻的制度，理想婚姻是白头到老，一生一世做夫妻。

那么让我们谈一谈，怎么追求理想婚姻。

结婚不是希望对方令你快乐，而是你如何令对方快乐。

婚姻应该是给予，而不是接受。结了婚，就不可以自私，要为对方着想。不要问她会为我做些什么，而是问自己可以为对方做些什么。

婚姻是改善自己，而不是改变你的配偶。改变他人比改变自己困难多了，所以如果改善自己能够令婚姻生活更幸福，应该积极地尝试。

婚姻是宽恕，而不是坚持公平。虽然现在是男女平等的时代，但在婚姻之中，要看开一点。如果每一件小事都怕吃亏，双方都觉得不公平，就很难得到幸福的婚姻生活。

为了保持婚姻的热度，要多关怀对方，不断一次又一次地爱上对方。否则婚姻就只是一纸合约，不会再是一件快乐的事。

最重要的，就是要互相尊敬，互相谅解。

父母要告诉孩子，婚姻不是最终目的，而是一个新的开始。能与最爱的人结合，成为夫妻，建立家庭，创造未来，不但浪漫，而且是为社会做贡献，为人类负责任的事，值得庆祝和感恩。

但结婚是一个非常大的决定。

这不但是公开互相认同对方为终生伴侣，在法律上也会成为一个新的单位。一方面得到保障，一方面要承担责任和接受约束。

不只是两口子成为夫妻，两方的家庭也会成为亲家。这个关系，不可忽视。

有些时候更会有财产问题、和谁一起居住的问题、工作的问题、要不要孩子的问题等等。

父母应该和孩子说清楚，做出这重要决定之前，一定要有承担挑战的觉悟。若孩子还未有信心，就应该好好考虑。

正如上述所说，因为恋爱和婚姻当中有对方的存在，所以即使自己尽了全力，也可能会失败。失恋对年轻人来说，不是一件坏事。可以当作一个经验，再去寻找理想伴侣。

但离婚的打击就会比较大，尤其是已经有孩子的家庭。

家长需要和孩子解释，在现代社会，离婚不是罕见的事。但就算父母离婚，并不表示没有真爱的存在，只是双方没有找到最适合自己的伴侣。所以孩子可以放胆寻找真爱，安心地结婚。

社会上也有单亲家庭。我们要向孩子解释，双亲也好，单亲也好，只要家人能够互相支持，建立和谐的家庭，那么都是幸福理想的家庭。即使自己是单亲家庭的孩子，也不需要觉得自卑。若身边有单亲家庭的朋友，也不可以歧视人家。

孩子小时候曾经问过我："为什么我的朋友只有妈妈没有爸爸？"

我告诉他："有很多动物都是单亲的。好像老虎、熊猫都是妈妈带孩子的。那是自然的事，不需要担心。他的妈妈真的又坚强又勇敢！"

现代社会也有很多选择不结婚的人。我们要告诉孩子，这也是人生的一个选择，不可以评判他人。因为每一个人的人生，都有很多因素，是他人不能够明白的。所以一定要尊重其他人的选择。

我时常告诉孩子们："在世界的某一个角落，有人正等着你发现她。找到的时候，你就会知道她是你的'真命天子'。"

　　大儿子真的找到了终身伴侣，在 2018 年结婚了。看到一对新人相亲相爱，甜甜蜜蜜，我也非常高兴。

　　我对大儿子说："重要的不是期望一生一世，而是要珍惜和妻子度过的每分每秒。"

　　大儿子听后，非常感动："多谢妈妈给我的忠告。我一定会珍惜和妻子度过的每分每秒。"

　　看着他诚恳的表情，知道他是真心爱他的太太，感到十分安慰。

　　我衷心鼓励年轻人，大胆追求真爱。找到理想伴侣的时候，要有勇气用全心全力去保护和爱护对方。在恋爱和婚姻的旅途上，可能会尝到失败，但每一次失败，都会让我们明白自己的短处和可以改善的地方，会缩短你和"真命天子"之间的距离。

　　爱人是每一个人都拥有的力量，希望你找到最适合自己的伴侣，一起创造幸福的未来。

Part 3

美国顶级名校未来的教育趋势

3.1

斯坦福选拔的只是学霸吗？

答案是：No。

斯坦福选拔的是最有前途，可以为社会做贡献的年轻人。

那么对斯坦福来说，什么是最有前途，可以为社会做贡献的年轻人呢？

我们要先了解一下，斯坦福是一所什么样的大学。

斯坦福大学位于美国加州，1891年创校，是一所私立研究大学，每年录取1700名本科学生，录取率是5%。学生来自世界各地，男女比例大约各占一半。加上研究生，全校一共有大约17000名学生。教授阵营强大，一共有2000多名教授，其中有19名诺贝尔得奖者，加上其他讲师，师生比是1：7。

斯坦福大学在世界大学排名中，常常在前三名内，近年更超越哈佛大学，成为美国学生最希望入读的学校。

大学附近就是硅谷（Silicon Valley），全球IT界顶尖企业的集中地。苹果、谷歌、Facebook、英特尔等都是在硅谷起步、孵化和发展起来的。

斯坦福与硅谷的起源和发展有深切关系，所以大学特别注重创业、创新和 IT 教育。比起在美国东岸的学府，斯坦福校风自由，就业容易，自然气候也非常舒服。

斯坦福非常注重自由（freedom），学校的一句格言是：

"The wind of freedom blows."（自由的风常吹。）

斯坦福不是一所关注传统的大学，而是一所面向未来的学府。

他们寻找有新思维的下一代，希望可以改变世界，令人类有更美好的未来。

那么具体来说，斯坦福大学想要怎样的学生呢？

大学网站的首页上，写出了他们在选拔学生时注重的三样东西，从中我们可以找到一点头绪。

第一是：academic excellence，学术卓越。

就是说成绩一定要好，好到什么地步呢？今年考上了斯坦福的学生，都是全级成绩排名前百分之二十的。

也就是说不一定要考第一，可是成绩也不可太差。

第二是，intellectual vitality，智慧活力。

那并不是单指一个人的智力，而是渴望利用自己的能力去寻找答案和新知识。换句话说，一个充满智慧活力的人，会充满好奇、怀疑和勇气，去寻求真相。

好学不倦、以学为乐的学生就是有智慧活力的学生。

第三是，personal context，个人背景。

斯坦福喜欢选拔特别的学生。如果学生只是优等生，死读书，并没有其他值得一提的特点，即使成绩很好，也未必能引起大学对他的兴趣。

但如果学生有特别的兴趣，如做义工，或热爱自然，或是家人之中第一个有机会进大学，或已经是发明家……

如果有特别的人生故事，大学会注意这些学生，增加他们被录取的机会。

大学希望录取对社会有兴趣的年轻人，无论他们的专长是什么，大学期待学生们能用他们的能力去改变社会，想出新的方法去改善世界。

我的三个儿子也分别考上了斯坦福的本科。

那么他们是学霸吗?

答案也是:No。

他们是有"自学""好学"和"活学"之心的孩子。

在他们很小的时候,我就注重培养他们的好奇心和发问能力,提高他们"自学"的欲望,鼓励他们挑战自己去寻找知识。

做每一件事,不是要做得好,而是要做到自己满意。

不需要找理由去学习,因为学习是一种享受,知识是一种恩惠。这样的学习宗旨,推动了他们的"好学"之心。

学习应该与生活有关联。每学到一件事,都会令生活有改善,多学一点,生活就会更好一点。"活学"就是这个意思。

这样的心态,是他们学习的基础,对他们在学校的表现也有相当的影响。

他们都不是考第一的学生,因为他们的目的不是分数,也不是排名,而是吸收新知识。

但他们也明白考到好分数，可以帮助他们实现自己的梦想，所以成绩一直排名班里前百分之十。

他们在喜欢的科目上，时常受到老师们赞赏。

"协平是我在三十年教师生命中最出色的心理学学生。每次考试我都用他的答案来作标准。"

"升平是出色的文学学生，他的文章我都存起来，给下一年的同学作参考。"

"和平对数学的理解力非常高，有他在课堂内，可以帮助提高其他学生的水准。"

身为妈妈，我当然觉得骄傲，但最重要的是，从老师的评语中，我能感觉到他们对学习的喜悦。

这就是 academic excellence（学术卓越）和 intellectual vitality（智慧活力）。

因为功课好只是考大学的其中一个条件，所以我时常鼓励他们发展自己的兴趣。

我的大儿子从小就是一个爱打抱不平、关注社会问题的人。他在学校是学生代表，有不公平的事发生时，他会很勇敢地发言，和大家讨论，努力解决问题。他这种性格，被同学和老师、甚至家长信任。他在初中、高中都是学生领袖，还当上高中的学校大使。他看人看事很成熟，我相信报考斯坦福的时候，在论文中也表现出他这方面的特长。

二儿子喜欢音乐，高中时就与音乐出版社签了作曲合约。三儿子喜欢电脑技术，从小学开始就已经为学校设计网站。

三兄弟各自拥有特长和成就，而且都热爱义务工作，为社会做了不少贡献。因为兄弟们都有个人故事和背景，所以能引起斯坦福大学对他们的兴趣吧！

因此，要考上斯坦福或其他美国一流大学，单是学霸是不够的，学生必须有与众不同的条件。

你的孩子的长处在哪里呢？

是一名"自学""好学""活学"的孩子吗？

你的孩子是一个关心社会的孩子吗？

你的孩子在考大学的时候已经为社会做出贡献了吗？

当父母的可以帮孩子寻找他们的长处，也可以培养他们成为"自学""好学""活学"的孩子，更可以鼓励他们了解和关注社会，让他们明白用什么方法为社会做出贡献。

如果你的孩子拥有这些能力，那么，不单是斯坦福，美国其他的顶级学府，也会欢迎他们就读。

3.2

创造力是未来社会的制胜核心

在飞速进步的现代社会，科学的发展已经不是加法，而是乘法了。也就是说，一种新的科技，可以令社会加速数十倍。

当父母的，有责任让小孩子在未来社会找到自己的身份和地位，其中一个要教给孩子们最重要的能力，就是创造力。

在任何时代，创造力都是非常重要的，尤其是现代社会，更可以说是不可或缺的能力。

孩子们必须提出新的想法和见解，才能继续前进。

通过互联网，新旧知识可以同时在世界每一个角落互相沟通。沟通越多，新的主意越多。各种各样的想法，就如化学反应一样，产生出前所未有的新发明和新学问。

个人创造、集体创造，就是向往未来的高速公路。

如果小孩子没有这份创造力，就会赶不上潮流，被时代淘汰。

有些家长会说："创造力好像是因人而异的。有些人创造力特别强，但有些人是没有创造力的。"

在表面看来，创造力好像是天生的、与生俱来的，但这是真的吗？

创造力是可以培养的吗？

答案是：Yes。

其实创造力的基本就是想象力。

爱因斯坦曾经说过："智慧的真正标志不是知识而是想像力。"想象力能扩展我们的世界，并且为我们带来新的想法、发明和发现。

我们先来了解一下创造性的想象力。

创造性的想象力，就是能做出有突破性的东西，譬如写出一首音乐，画一幅美丽的图画，或发明一样新科技，等等。

研究表明，当孩子们多接触有创意的活动，或其他人的高度创造性的时候，他们自己也会变得更具创造性。

当家长的，可以多给小朋友接触不同类型的事物和人物。

我喜欢带儿子们去美术馆，看各种各样的作品。有一些作品是写实的，也有一些作品是抽象的，让他们了解画家想表达的世界，回家后发表自己的感受。

不一定是画写实的图画，可以是抽象的画，也可以是一篇文章，或者是一首歌，甚至是一支舞蹈。

我也会给孩子们一张白纸，告诉他们用来做什么也可以。有些时候他们会把它折成一只小飞机，拿到公园玩。

有些时候他们会用剪刀，把白纸剪成纸屑，在屋里假装下雪。

有些时候他们会画图画，然后写一些留言给爸爸妈妈。

有一次孩子们拿着那张白纸，放到橙汁里面，看看是否会变颜色。

有一次他们把白纸剪了一个洞，给我做了小帽子。

这些游戏非常简单，但可以培养小孩子的想象力。

从什么都没有，到做出一些好玩的东西，让孩子们相信自己是有创造力的人，感受到创造是非常好玩的事情。

我也很喜欢带他们到科学馆、博物馆这些地方，让他们接触各种新发明和发明家的故事。让他们知道世界上，有很多东西我们还未理解，还有寻找新知识和做新发明的机会。

教育理论提出，创造性的想象力其实是分两个阶段。

第一个阶段是思考各种各样的想法——"散播思维"，也就是说与主题有关的想法，不论是什么都好，都把它收集在脑子里面。

然后第二个阶段，就是把这些想法融合起来——"融合思维"，慢慢去分析与主题有关联的部分。

第一个阶段是直观的、自由的、无限制的。第二个阶段则是要深思熟虑和做出正确选择的。

家长可以训练小孩子习惯用这两个阶段的想象力。首先让他们自由发挥，找寻自己脑袋内外的主意。无论有多么荒唐，多么不合理，尽量让他们用想象力去找新天地。

当他们有足够的材料之后，要教他们如何运用那些材料，分析出一个只有他们能够找到的答案。

其中一个我训练他们用创造性想象力的方法是教他们做菜。

我让他们选择材料，无论什么都可以，由他们自我发挥去做他们的菜式。有些时候做出来的菜式十分搞笑，也不美味，但不怕失败也是培养创造性想象力的其中一个条件。

让孩子们多尝试，多失败，反而会令他们更加有兴趣去做一些新的东西。

以前的社会，有土地有能源就能够控制一切。但现在和未来的社会，要有科技和不断创新的人才，才能成为成功的国家。

我们的孩子就是十年后、二十年后的人才，所以我们从小要训练他们有创造力和不怕失败之心。

斯坦福大学时常告诉学生们："没有人做过的事，你应该去做。人家做过的事，你应该可以做得更好。"

我觉得他们说得非常对，也时常向我的儿子说这句话。

我还会说："什么事都有改善的空间，用你的创造力，把社会变得更好吧！"

创造力不是天生的，是可以培养的。

年轻家长，请加油！

培养你孩子的创造力吧！

3.3

必须具备的历史眼光

为什么要孩子们具备历史眼光呢？

因为只有这样才可以看到过去、现在和未来。

每一个人都是历史的一部分，是时间和空间的一分子。

没有历史观点和眼光的人，得不到前人的经验，了解不到现状，预想不到未来，只能盲目地摸索进路，不但会浪费了宝贵的时间，更会失去很多好机会。

而且没有历史眼光的人，不会向历史学习，会重复前人的错误，做出错误的决策。

所以身为家长，我们有责任给子女们学习客观性的历史知识。

在教育理论上，历史知识和身份教育有很大的关联。

身份教育，identity education，是育儿的必经之路。培养孩子们认识自己，接受自己，就是身份教育。

身份教育的基础之一，就是历史知识。有历史知识才能认识自己，认识自己才能了解自己。了解了自己的背景，才能策划自己的未来。

身份教育在美国和欧洲都十分普遍，但在亚洲学校里，很多时候都被忽略。

身份教育会问孩子三条问题：

一、我是谁？

二、为什么在这里？

三、我应向哪个方向走？

"我是谁"，是从认识自己所属的团体开始。譬如说，是男或是女，是哪一个国家的人，原籍是哪里，爸爸妈妈是谁，姓什么，上哪间学校，是否有宗教信仰，参加什么兴趣班，做什么义工活动，等等，都是自己的一部分。

要答以上的问题，并不容易。

单单是要解释男人是什么？女人是什么？随着历史时代的转变，答案已经不同。

"中国人"的概念是什么呢？几千年的历史文化，实在有很多知识要理解和吸收。

认识自己的家乡也不简单。我爸爸是东莞人，我妈妈是贵州人，学习东莞和贵州的历史也是一门学问。

诸如此类，要回答"我是谁"已经需要明白很多社会历史上的问题。

"为什么会在这里？"

要回答这个问题，要知道这里是哪里。

香港是一个什么地方？有足够的水资源吗？空气好吗？有什么产业？人口稠密吗？

眼光放远一点，我们都是中国人，中国是一个什么地方？再放远一点来看，我们是亚洲人，亚洲是什么样的一个地方呢？再看广一点，我们都是地球人，宇宙人。要理解"这里"的定义，非常有意义。

"为什么会在这里"的"为什么"，又是另外一个问题。

要回答这个问题，需要理解近代历史和家庭的背景。祖先的选择或行动，如何与当时的时势相关，直接影响到你的现状。给孩子们解释家族的历史，可以令他们感到与故人的联系，知道自己的根，感受到归属感。

"我应该向哪个方向走？"

要回答这问题，就要了解世界状况和自己的条件，更要加上自己的梦想。

孩子们要认识社会现状、政治体制、经济变动等等，才能做出好的选择。

从小训练小孩子对世界各地的动向感兴趣，是非常重要的育儿方法。

现在的世界，各国关系越来越密切，没有一个国家可以单独生存。换句话说，没有一个人可以单独生存的。

所以要知道自己应该向哪个方向走，就要看看其他人在走什么路。

你愿意和其他人一起走吗？或是希望自己创出新天地呢？

能够全面性地了解社会，才能看找到最适合自己的位置。

听了上面这些解释，家长们会觉得培养孩子的历史眼光非常困难。对吗？

答案是：No。

其实我们可以用很多日常的游戏，给小孩子们灌输历史眼光。

在我儿子小的时候，我时常为他们唱中国的摇篮曲和儿童歌曲，说历史人物故事，念唐诗，背成语，等等，让他们在不知不觉中学习到中国历史。

他们最喜欢的一个游戏就是每人说一句成语，说不出来的人就算输。他们特别喜欢听成语故事，用这个方法学了很多成语。

因为我们的家庭是中日的跨国婚姻家庭，他们的爸爸是日本人，所以我们会向他们灌输日本的文化和历史，也难免要解释中日关系。虽然说起来非常复杂，但慢慢说，他们也能够明白。

而我出生在香港，所以我也会带他们回香港探亲。回到香港，我会解释什么是殖民主义，为什么香港会是英国的殖民地？这些历史背景都一一解释给他们听。

我也曾经对他们讲外婆和外公的恋爱故事，让他们了解在战争中年轻男女的艰苦日子，一方面让他们明白家族的经历，另一方面让他们感受到自己是现代史的一部分。

可能当时他们不能够完全明白，但这些话确实为他们今后看世界的眼光打下了基础。所以他们到了青春期，对历史特别有兴趣，也能够明白自己的身份。

无论身份如何复杂，只要孩子们能够明白和接受自己，他们就不会自卑，也不会自大，能够接受自己和别人。他们会用广阔的历史眼光去衡量现状，不容易受人煽动，能够拥有自己的意见。

虽然身份教育普遍是在青春期进行的，但也从小可以慢慢帮助孩子了解自己，了解社会和历史。

有历史眼光的人不容易迷惘或做出冲动的结论，身边的人会觉得他是一个有深度和成熟的人。

其实历史眼光是观测未来的望远镜。这一件工具，我们必须提供给孩子们，让他们能期待未来，全心向前，成为一个成功的"未来人"。

3.4

在家可以实践的地球人教育

今年时常听到全球公民这个名词，或者叫世界公民，或直接翻译成地球人。

地球人是指可以超越自己身份或地理政治边界的人。这并不表示他们会放弃自己的国籍或责任，但是他们对地球的其他人，都能平等对待和爱护。

在家可以培养地球人吗？

答案是：Yes。

要做一个地球人，最重要的条件就是能够理解、接受和欣赏与自己不相同的人和事。

在家里我们可以灌输给小孩子世界各地的文化习俗和生活，让他们从小知道地球上有各种不同的人，说不同的语言，玩不同的游戏，唱不同的歌曲，庆祝不同的节日，信不同的宗教，等等。但这些人都和我们一样是地球人，有同样的权利和价值。

我教孩子们的时候，注重告诉他们："世界上有不同的人种是一种恩赐。大家不同，所以生命才特别精彩和有趣。不要害怕有人与你不同，也不要歧视有人与你不一样。因为如果全世界的人都跟自己一模一样，可能每天都会闷死了。"

除了口头上跟他们说，我还会在生活中实践这个道理。

我会带他们到公园看花朵。"你看，每一朵花朵都是不同的。都漂亮，多可爱。如果所有花朵都是一样的话，那么公园就没有这么美丽了。"

我会带他们到市场买菜，问他们："你们今天喜欢吃什么蔬菜呢？"

大哥会说"菜心"，二哥会说"黄瓜"，三弟会说"马铃薯"。

都买了之后，我会跟他们说："你看有那么多种类的蔬菜，真好呢！每天都可以吃到不同的菜式。如果市场只有一种蔬菜，那我们吃饭就没有那么开心了！"

就是这样，我把"差异是好事"这个道理灌输到他们的脑袋里和心里。

为了让他们认识和热爱世界，我用了很多小方法。

其中一个就是唱世界各国的摇篮曲和童谣给他们听。生了大儿子之后，我特别灌录了一套 CD 专辑，内容是一百首世界各地的童谣和摇篮曲。孩子们小的时候，时常听这些歌曲，我也会为他们解释歌曲的背景。唱歌给小朋友听，对他们的情感发展特别重要。歌曲能够长久留在心中，成长之后，只要听到小时候听过的歌曲，就会感到特别亲切。

他们的脑袋里面有很多国家的歌曲，日后到世界各地，听到这些音乐的时候，也会感到十分亲切和温暖，和当地人容易产生共鸣。所以从小给孩子听世界各地的歌曲，对地球人教育是非常有用的。

为了令孩子们感受到各种风俗，我们家里会庆祝很多国家的节日。

一月一日开始庆祝日本的元旦。

二月三号庆祝日本的节分，接着迎接中国春节。

二月十四号庆祝情人节。

三月三号庆祝日本的雏祭。

三月十四号庆祝白色情人节。

四月中庆祝复活节。

五月五日庆祝日本儿童节。

五月中庆祝母亲节。

六月中庆祝父亲节，接着庆祝端午节。

七月七日庆祝七夕。

八月十五庆祝中秋节。

九月重阳，十月庆祝万圣节。

十一月感恩节。

十二月圣诞节。等等。

一年到头，非常忙碌。

每一个节日我们都做尽细节，还会解释节日的由来和意义，让他们更加有兴趣认识自己的国家和其他国家的历史和文化。

我们的小孩子都很喜欢看地图，因为从小我有空就和他们一起看。

我们看着世界地图，想象到各个国家旅游。

更会找一些书来，看看各国的风俗和景点，一起想象长大之后去看一看。所以现在他们长大了，去旅行是他们一个大兴趣。平常绝不奢侈的孩子们，储蓄了钱就会去探访其他国家，欣赏其他国家的风俗习惯，接触其他国家的人。他们异口同声地说："这才是最高享受，可以令自己的生命更加丰富呢！"

从小我就训练孩子们说英语、日语和中文。虽然还有很多语言他们不会说，但可以说三种语言，对他们在地球上生活来说，非常有利。所以如果有机会，家长应该积极鼓励小朋友多说几种语言。小时候学语言比较容易，也不会有太大的抗拒。

要当一个地球人，除了要欣赏与自己不同的事物之外，也要懂得爱护地球。所以从小我就培养孩子们喜欢大自然，珍惜动物生物，不可以浪费能源、食物和水。

我们一直都有参与回收运动，尽量不浪费食物，也会珍惜每一件买回来的东西。我发觉小孩子无论年纪多小，也可以明白环保的道理。

记得有一次，我看到当时四岁大的大儿子在回收桶里找东西。我说："你不要在那里玩，那是垃圾啊！"他回头说："妈妈，你把纸扔掉，所以它变成垃圾，不扔掉的话，就是我的玩具呀！"

当时我吃了一惊！孩子比我更环保，我要跟他学习呢！

现在孩子们热爱大自然，为了保护地球，各自行动。

譬如说，小儿子只在节日才吃红肉，因为牛和猪的畜牧都会使地球加速变暖。大儿子在自家平台种了很多食物，尽量减低自己排出的二氧化碳。二儿子生活尽量清淡，不会多买东西，减少消费。

为了适应全球化的浪潮，我们希望下一代在世界任何一个地方都能够舒适地生活，能够自立，融入各国社会之中。现在，训练孩子们当地球人已经不是一种选择，而是一件必须要做的事。

3.5

中产阶级进斯坦福的机会越来越小吗？

答案是：No。

最近美国发表了一项研究，用几百万份税收帐单，分析顶级大学学生的家庭背景。

这个研究的对象是 2013 年毕业的学生，也就是说入学时间是 2009 年。虽然是十年前的情况，但也可以从这个研究中，了解到斯坦福大学学生的家庭背景。

研究结果显示，斯坦福学生的家庭年收入中位数，是 167500 美元，全校 66% 的学生来自美国年收入前两成的家庭。其中，17% 的学生来自美国年收入前 1% 的家庭，39% 来自前 5% 的家庭。至于美国最低收入的 20% 的家庭中，能进入斯坦福的只有 4%。

由此看来，大部分斯坦福学生的确是富裕家庭的子女。但我们也要记得，仍然有 34% 的学生，不是富裕家庭的孩子们。斯坦福大学也知道需要改善这个情况，所以近年增加奖学金，希望鼓励家庭收入比较低的学生投考。

现在斯坦福有八成学生是接受援助的。没有接受援助的学生，每年则需要支付 62000 多美元，包括学费、食宿等等。

如果父母年薪低于 75000 美元，学费、宿舍和其他费用全免。

去年，家庭年薪低过 75000 美元的学生，平均接受约 68000 美元的奖学金，其中还包括零用钱。父母年薪低于 125000 美元的家庭，学费可全免，但视情况要交食宿或其他费用。

年收入高于 125000 美元的家庭也可以申请助学金，因应家庭成员人数和有没有其他兄弟姐妹在读大学等情况，助学金的金额有异。

去年有 47% 的学生接受了助学金，每年只需要付出 13600 美元的开支。

所以如果考上了斯坦福，并不需要太担心交不了学费。

但有很多家庭背景不大好的学生，往往觉得斯坦福是高岭之花，只可看不可取。

斯坦福表示，社会上有四个谬论，妨碍了一些学生来报名。

一、我没有经济能力去读斯坦福。

二、以我的地位，不能融入那环境。

三、只有天才才可以考上斯坦福。

四、只有名校的学生，才可以考上斯坦福。

斯坦福解释说：

一、考斯坦福大学，家庭的经济环境绝对不是一个问题。如果你考得上，大学绝对保证为你找到奖学金和助学金，绝对不会因为没有钱而无法入学。

二、身份也不是一个问题。有一半的斯坦福学生觉得自己是有色人种，有18%的学生是他们家族中第一个上大学的人。大学有很多不同的活动和辅助学生的团体，不需要因为种族或家庭背景而感到自卑。

三、斯坦福大学常常强调他们不是要招收成绩最好的学生，而是注重学生能否不停挑战自己，和是否拥有与别人不同的长处。不一定要天才才可以进入斯坦福，但上进心、好学心是必须的条件。

四、斯坦福并不注重你读哪一间学校，但会注重你有没有在那学习环境中全面发挥自己的能力。名校的学生，比起贫民区学校的学生，学习环境的确一定是有优势。但斯坦福会把这些情况也考虑进去，并不是单纯地看分数，而是看那个学生的潜力和勤奋的程度。他们录取的学生里，有些成绩是满分的，有些只是七十分左右。所以成绩不是一切，名校也不是保障，最重要是你个人的魅力和潜能。

无可否认，如果父母都是大学毕业的，对教育儿女可能比较热心，小孩子从小得到多方面的指导和鼓励，成绩的确会比较好，或者可以考上更好的高中。从统计资料来看，精英父母教出精英孩子的机会，的确是高一些。

但在斯坦福招收的学生里，仍然有18%以上的学生，父母是没有读过大学的。所以并非一定要上过大学的所谓"精英"，才能教出考上顶级大学的学生。

只要父母相信孩子的能力，鼓励他们"好学""自学""活学"，培养他们成为一个有可能性和有魅力的人，他们一定能够考上最适合自己的大学。

作为一个留学生，首先一定要有高水准的英语能力，和能适应新环境的性格，不是每一个孩子都可以留学的。

还有一点我要说明白的。

以上提及的奖学金、助学金制度，基本是辅助美国学生的。外国的留学生，要在报名时表明是否需要奖学金，否则考上之后就不可以再申请补助。

有些人担心如果在考大学的阶段表明需要补助，可能会减少被录取的机会。但其实美国本土的学生也需要在报名时表明是否需要补助，所以机会是平等的。

斯坦福大学大约有12%的比例是留学生，今年录取了大约250名，人数不多，竞争激烈。所以报名之前要三思——斯坦福是否是最好的选择呢？有没有其他大学更适合我的孩子呢？

我每一个儿子考大学的时候，我都会与他们一起研究他们有兴趣的大学。在研究过程中，我们可以认识其他大学的长处和短处，也可以和孩子们反复讨论和思考，他们究竟希望在大学里学习些什么。

商谈之后，我们会列出一份名单，然后决定如何去报名。

很幸运，他们三人都被斯坦福大学录取了。

但世界上还有很多好大学和优秀的老师，最重要的不是大学是否有名，而是那所大学是否适合你的孩子。

　　送孩子入斯坦福并不一定是精英或富裕阶层的特权，斯坦福随时张开双手，欢迎有前途的优秀年轻人。

　　我鼓励所有家长和学生，不要因为家境而放弃梦想。

Part 4

父母的必修课

4.1

有了孩子是否要放弃自己的梦想？

前面的课程关于孩子的教育，大家应该可以感受到，教养孩子的很多问题，都是爸爸妈妈的功课。当家长很辛苦，除了孩子，还要面对很多自我实践的问题。从本课开始，我们聊聊父母。我知道有很多妈妈因为有了小孩，放弃了工作。有人坦然接受了，有人觉得放弃了自己的梦想很可惜。

那么有了孩子，是否要放弃自己的梦想呢？

答案是：No, No and No。

父母不但不应放弃自己的梦想，而且是不可以放弃自己的梦想。

有了孩子，人生的确会转变，但这个转变是正面的。

孩子可以成为你梦想的一部分，或启发你寻找新梦想。

孩子会增加你的上进心和自信心，令你成为一个更加有经验和干劲的人。

拥有了新的能力，会令你更有可能达成原来的梦想。

实现梦想，并不是取决于你是否有孩子，而是取决于你对梦想的热诚，和向难关挑战的勇气。

问题不在于孩子，而是在于你自己的心态。

让我们先谈谈梦想，要实现梦想有很多方法。

首先你要明白你的梦是什么，要清楚你寻找的是什么。之后要把那个梦想变成热情，进一步变为一步一步的目标。有了目标就要有计划，做一个仔细而且有可能性的计划，之后就可以开始行动。

一步一步地向着梦想前进。而且要享受每一个过程。

对自己有信心，就算失败，也要从失败中学习。要接受他人的批评，向他人学习。

有些时候我们要做一点牺牲，但绝对不能就此放弃。

当你发觉你的梦想无法实现，可以重新评估，看看这个梦想是否真的是人生需要的东西。

但因为你走过了这条寻找梦想的道路，你面前的可能性会比开始时更广阔，更容易寻找到其他目标。

在追求梦想的过程中，当然会有很多困难，但千万不要给自己借口。

"有了孩子，为了孩子的幸福，我放弃我的梦想。"

这句话，听起来十分伟大，好像是母爱的证明。但其实，只是你退缩的一个借口。

是否要生孩子，我们自己可以决定，所以孩子应该是你人生计划的一部分。如果你有梦想，应该把孩子也考虑进去。在计划里，构思清楚有孩子应该怎么做，没有孩子应该怎么做。应该有 plan A、plan B，有计划性，孩子就不会成为梦想的障碍。

所以，关键在于你是不是真的非常希望实现那个梦想。

有些妈妈会说："一边带孩子一边实现梦想，太难做到了。"

这是事实，但有价值的梦想，都是不容易实现的。

世上没有容易实现的梦想，如果有，那些梦想就不会为你人生增加价值。

有些妈妈会说："因为有了孩子，所以我的梦想不能达成。"我们要坦白地问问自己，如果没有孩子，那个梦想一定就能够实现吗？

有没有可能跟孩子没关系，而是那个梦想超出了自己的能力呢？

如果你觉得那是一个没有孩子就可以达成的梦想，我相信即使你有了孩子也一定能够成功的。

我们希望孩子能拥有梦想，追求梦想，成为一个能达成梦想的人。因此，我们更应该是他们身边的榜样。

如果你是一个充满热情，拥抱未来的人，孩子就会觉得你是值得模仿的对象，乐于追求梦想，拥抱未来。

如果时常抱怨，认为自己生命的挫折都是他人的责任，孩子也会学着用借口或埋怨他人去隐藏自己的失败。

人生中，我们不应该选择走后悔的路。如果你选择做全职妈妈，那么你不是放弃了梦想，只是你的梦想改变了，不要后悔。如果你会后悔，就请不要放弃原本的梦想，更绝对不要把孩子和家庭当成失败的借口，这对孩子非常不公平。

记得我报考斯坦福博士的时候，大儿子只有两岁多。我在日本有工作有家庭，当接到录取通知书时，一方面喜出望外，但同时发现我肚子里面有了新的小生命。当时我觉得："带着一个孩子，到美国再生一个孩子，还读博士学位，这是不可能的。"于是我打电话给教育学的教授，对她说："我不能来了……"她没有回应，大约五六秒钟，然后对我说："你是否怀孕了？"

我大吃一惊，为什么她会知道？

我说："是的。"

她说："是否以后等你的孩子长大了，你要告诉他，本来妈妈可以去斯坦福大学攻读博士学位的，但为了你，我放弃了。你是否想把这个责任推到孩子身上？"我说："当然不想！"她就说："很多女生都是用这个借口没有继续学业的。我希望你有勇气来攻读博士学位，我们都会一起帮你的。"

我听了这番话，非常感动，结果带着大儿子，大着肚子到斯坦福读书。十一月，我的二儿子在斯坦福的医院诞生了。我一边带两个孩子，一边攻读博士课程，非常辛苦。但我很兴奋，因为我觉得我没有逃避，我接受了挑战。

我最终拿到了斯坦福的教育学博士学位，梦想成真了。

这个经验告诉我，只要真的有热忱，梦想是可以实现的。

如果我没有去留学，相信到今天我都会后悔。

可能我看到二儿子会叹气："如果当年他不在我肚子里，我就会去攻读博士，太可惜了！"

庆幸现在我看着孩子，会感到非常骄傲。因为他们就是我力量的来源，他们给了我勇气，一直鼓励我向前。我没有把生了孩子当成借口，那才是我能够给孩子最大的爱。

我鼓励所有家长，若你有梦想，就和孩子们一起去争取吧！

你真的对那个梦想有热忱，就如《牧羊少年奇幻之旅》（The Alchemist）的作者保罗·科尔贺（Paulo Coelho）所说："当你想要某些东西时，全世界都会帮助你实现它。"

各位亲爱的家长，对自己有信心，相信自己做得到，听从你内心的声音生活吧！孩子不会是你绊脚石，而是你的翅膀，会帮助你飞得更高更远。

4.2

如何分配工作和育儿的时间？

可能全世界的职业女性都会被问到一个问题：你如何平衡工作和家庭？有了孩子，问题就更难了。

如何分配工作和育儿的时间，是在职家长的最大难题。

这不单是在香港，在中国内地甚至其他国家，work and family 都是当父母的最大挑战之一。

一方面要为了生活而工作，一方面也希望有足够时间和孩子们交流。一天只有二十四小时，时间不够，分身乏术，令很多家长十分担忧，更会感到内疚："因为我有孩子，所以不能够专心工作。""因为我有工作，不能用全部的时间陪伴孩子。"

但这些想法是负面的，并不会带来好影响。

其实兼顾两方面，把两方面都做好，并不是不可能的，但我们的思维要改变。

首先我们要知道自己的目标。

譬如说，你想在工作方面成功，是指赚钱？升职？还是做老板？或是安分守己地安心打工？

在家庭方面，要有几个孩子？想孩子做个什么样的人？名校？留学？

有了目标之后，要定出一个优先排序，排列每一个生活细节的重要性。

有些人觉得不迟到是最重要的；有些人觉得升职是最重要的；有些人觉得和朋友交流是最重要的。

有些家长觉得孩子吃什么是最重要的；有些家长觉得孩子的运动是最重要的；有些家长觉得孩子的成绩是最重要的。

有些家长觉得清洁家里是最重要的；有些家长觉得外表是最重要的；有些家长觉得陪孩子玩耍是最重要的。

每一个人觉得重要的地方都不同，先把你觉得最重要的事情的优先次序排好。

排好之后，时间的分配就会变得很清楚。

我觉得和孩子们共度时间是最重要的，所以孩子小时候，我并不奢望有私人时间，工作以外都和家人度过。去美容院只是剪发，不洗头不吹头；不参加不能带孩子的聚会，不和朋友逛街，不浪费时间买衣服；等等，一分一秒都留给和小孩子一起度过。

时间是可以腾出来的，在带孩子的时候，我从不会说"妈妈没有时间"。

另外一件对我来说需要优先的事，是孩子的健康。所以我对他们的食物特别注意，大部分时间都在家里吃饭。

早上做早餐，准备好午餐的便当，晚上尽量回来做晚餐，和他们一起吃。因为我相信孩子的身体需要健康的食品，所以根据他们的体质，给他们吃适合的食物。

我也注重孩子的精神状况，尽量和他们一起玩耍、交谈，希望他们成为一个快乐、满足和坚强的人。

学业方面，在他们低年级的时候，我会尽量和他们一起做功课，让他们打好学习基础，养成好的学习习惯。

这就是我的优先排序，其他事都在其次，比如我不会太费时间为孩子们打扮，衣服旧了一点也不会在意。

在工作方面，我不希望别人觉得我因为是妈妈而忽略工作。因此，在工作的时候，我集中精力，非常用心地去做好。

我本身是一个歌手，也是一位电视主持人，是作家也是大学教授，工作非常忙碌，每天都好像在打仗。

因为我的工作不是朝九晚五，每一天的时间表都不同，特别难安排和孩子在一起的时间。所以我尽量放弃晚上的工作，回来给孩子们做饭，看他们做功课。迫不得已的时候，就用电话联络。

每一天我都会告诉孩子们我当日的工作，所以他们都知道怎样可以找到我，也可以想象我在做些什么。他们不会慌张，因为知道需要妈妈的时候，可以找到妈妈。

在之前的课程中，我也提到在我们的家里，家务是所有人的责任。谁有时间就谁做，所以大家都会自发去做。这个习惯，能减少吵架，增加感恩之心。大家都累时，就大家都不做，一起休息。不会有怨言，没有心理上的压力。

培养你的伴侣和你一起带孩子，是十分重要的。不是当他有空的时候和孩子玩耍，而是要他在你突然生病的时候，能够负担起全家的责任。他要知道孩子的学校安排，孩子的衣服在哪里，书本教到哪里，等等。

如果你的伴侣和你一样在前线照顾孩子，你的负担就会减少很多。

不是每一个爸爸都能够做到这点。但你可以慢慢锻炼他多做一点。

他多做一点，你的负担就会减少一点。要有耐心劝服你的伴侣，做你育儿的伙伴。有积极的爸爸妈妈的家庭，对孩子来说是最幸福的家庭。

为了保护孩子，我们要建筑一个"安全网"。有什么意外或突发事情时，有立刻愿意帮忙孩子的人。

如果爷爷奶奶在身边，可以倚靠他们。如果没有亲戚，就要找到值得信赖的人，随时为你保护孩子。

有了这个"安全网"，会减轻你每天的心理负担，是非常重要的准备。

其实每天二十四小时，说短很短，说长也很长，我们需要做的事，大部分都可以做得到的。

另外，不要过度要求自己或家人，可以放松的地方就放松。

如此，你会找到很多幸福的空间。

和孩子度过的时间，并不一定要长，只要充满着爱和欢乐，就会令孩子忘记整天的寂寞，感受到家庭的温暖。

所以不要慌张，相信自己的能力。有了困难，要懂得求助，希望我也可以帮到你。

4.3

父母有不同的教育观时怎么办？

上节课我讲到，爸爸妈妈是育儿的伙伴。不只是育儿，夫妻本来就是生活的伙伴。但因为都很爱孩子，难免会在孩子教育问题上有分歧。

有不同的教育观并不是很特别的事。

在不同环境成长的男女，虽然结了婚，生了小孩，变成父母，也不一定会有同样的人生观，对孩子的教育方法和未来的期待，也会有差异。

教育观不单是如何选择学校，是否要上兴趣班等问题，而是包括了人生哲学的思考。

很多夫妻，生了孩子之后，才发觉自己和伴侣的人生哲学，有很大的分歧。

有位女性朋友告诉我："我的丈夫告诉孩子，在什么情况之下，你都要赢。不择手段也要取得胜利，否则就没有人会尊敬你，因为这个世界是胜利者的天堂。"朋友说："但我希望孩子做一个诚实勇敢的人，不一定要胜利，况且谁是胜利者，谁是失败者，根本是很难讲的。"人生哲学上有这么大的差别，夫妇之间往往会为教育孩子而争吵。

当父母的教育观点有冲突，发生争执时，孩子会感到很彷徨，不知道应该听谁说的话才对。所以为了让孩子有正确的人生观和最佳的教育环境，父母应该坐下来，说清楚如何教育孩子。

首先要明白，教育观点有分别，并不是坏事，反而是好事。

因为一个人的意见，往往可能比较偏激，但两个人的意见，则可以从不同的观点看同一件事，会平衡一点。

所以当教育观点有差别时，父母应该互相商量，衡量对方和自己的意见，然后再做出决定。决定后，就依从大家都认同的方法教导孩子。

如果两人没办法找到相同观点时，要平心静气地向孩子解释，为何爸妈的想法不同。当然，这并不是理想的解决方法，最佳方法还是要互相包容体谅，找到一个都可以接受的教育观。

朋友听了我的劝告之后，回家与丈夫坐下谈过，决定不灌输给孩子太计较输赢的人生观，而教孩子要注重充实自己。朋友笑说："原来伴侣不是我想象中的那么倔强，真的应该早点坐下来谈一谈。"

所以从好的方面来看，商量教育孩子的方法，也可以增加夫妇之间的理解。

但有一些家庭的问题却完全相反，就是爸爸对孩子们的教育完全不负责任，也不感兴趣，把全部责任交给妈妈。

教育孩子是一个非常大的工程，如果都由妈妈一个人去负担，是非常辛苦的。这也可以说是教育观点不同，因为有很多男人还是觉得，教育子女是母亲的责任。

如果你的伴侣对教育儿女没有兴趣，你要培养他做一个"教育爸爸"。

为了引起爸爸对教育的兴趣，你要令他感到做爸爸的满足感。

给他时间和孩子单独相处，孩子听话时，他会感到当爸爸是一件快乐的事。随后你就可以慢慢灌输给他有关照顾孩子的知识：如何为孩子洗澡，如何帮助孩子做功课、换衣服，等等。

孩子不听话，做错了事，和爸爸商量如何教导孩子。孩子努力求进步的时候，也和爸爸商量如何奖励孩子。

事无大小，两口子可以不断讨论，把育儿变成一件夫妇交流的乐事。当爸爸感觉到他是孩子生命中的重点，他就会慢慢对孩子的教育有兴趣，积极参与。

有爸爸参与教育的家庭，是充实的好家庭。

因为我是跨国婚姻者，知道夫妇之间一定会有不同的教育观点。所以结婚之后，我立刻和丈夫讨论如何教育孩子。为了避免争吵，我们同意凡事都要商量，接受对方的意见。

为了避免不能达成共识、不知所措的情况，我们同意指定一个拥有最后决定权的人。我的丈夫说："你那么热心，最后决定权就交给你吧！"

如此这般，我们家里关于教育的最后决定权在我手上。

丈夫把决定权让予我，我是十分感恩的。所以我凡事都会与他认真商量，很多时候，我是接受他的意见的。

我跟丈夫的意见平常都是很接近的，但有些时候也会不同。

大儿子选择学校的时候，我本来想他进入一所名校，但爸爸觉得那所名校并不适合孩子，后来我们决定把孩子送入了国际学校。

国际学校也教日文，但普通课程都是用英语教授的。我有点担心孩子会忘记自己是中日的混血儿。

但爸爸觉得只要家庭里有充分的身份教育，应该没有问题。

当时我接受了他的意见，积极地在家里进行身份教育。所以虽然在国际学校成长，我们的儿子，都能充分明白自己的身份。

孩子有问题的时候，爸爸会给意见帮助我解决。爸爸并不喜欢出面，所以很多时候都是我出面。虽然我觉得爸爸出面比我好，我还是会承担责任，采取行动。但在后面，丈夫会给我支持和鼓励。

这是我们家里的做法，你的家庭可以有你们的做法，关键是你和伴侣之间要有一个协议：就是同心合力地去教育你们的孩子。

意见不同，没问题，两个人商量解决。意见一样，太好了，但也要反省那个教育法是否适合孩子。夫妇一起学习，一起努力寻找共同的教育观来培养孩子。

　　两人有不同的教育观，经过讨论之后，可能会得到一个更适合孩子的教育方法。所以不要抗拒讨论，因为交换意见才可以促进父母的成长。

4.4

夫妇之间的争吵会如何影响孩子？

夫妻之间的争吵是不可避免的，只要在一起生活，就会有冲突。有了孩子以后，家变成三个人、四个人甚至更多，冲突也会更多，我们应该如何面对呢？

如何表达和解决争议，对孩子会有不同的影响。

某些冲突，会对孩子的成长有好处：孩子如果看到父母冷静地解决问题，就能学习如何化解争论。

但如果冲突处理得不好，父母用破坏的方法吵架，就会对孩子有坏影响，伤害孩子。

譬如侮辱对方、威胁对方、身体攻击、采取沉默的态度回避对方、离家出走等等。这些都不是真正的解决方式。

当父母互相敌对的时候，有些孩子会变得心烦意乱、担心、焦虑甚至绝望。更有些孩子变得有攻击性，在家庭或学校出现问题。

更小的孩子，可能会出现睡眠障碍、头痛、胃痛等身体上的问题。

父母的吵闹会令孩子分散注意力，学习上也会产生问题。

成长在不和睦的家庭的孩子，比较难以与人建立健康、平衡的关系。

心理学的研究，发现在冲突较多的家庭成长的人，到晚年会有更多健康、情绪和社交问题。其中包括高血压、免疫力低下、抑郁、物质依赖、孤独等等。

换句话说，父母之间的争吵会影响孩子的一生——不仅仅是幼年期和青春期，到了成年甚至老年，都会有坏的影响。

有些时候，父母为了避免争吵，会主动投降或屈服。但这种调解冲突的方法是消极的，并不能解决问题。孩子感觉到父母之间的敌意，但看不到解决的方案，会令他们更加感到无力，增加精神上的负担。

孩子是非常敏感的，哪怕父母关着门吵架，他们也会感受得到。明明在房里吵架，出来的时候却装作若无其事，会令他们对父母的信赖降低，而且会忧虑究竟在房里发生了什么事。

但如果父母能够用正面的方法解决冲突，孩子们会从中受益。

当父母互相支持、妥协、发挥包容的精神去解决冲突，孩子就能学习到消除吵架的社交技巧，也能够得到安全感，与父母建立更好的关系；在学校也会做得好，心理问题也会减少。

所以，并不是不可以吵架，关键在于吵架后如何解决冲突。

就算父母吵架之后，只能解决一部分的问题，但大家还是可以相亲相爱，孩子看到这样的解决方案，也会放心。只要他们知道父母可以用爱心一起面对问题，孩子就可以安心地生活下去。

我们夫妇俩并不会时常吵闹，意见不同的时候尽量理性讨论。但我的丈夫，很多时候会采取沉默、逃避的方法。

当这情况发生时，我会向孩子们解释："我等爸爸安静下来，会跟爸爸探讨的，不要担心。"要让他们知道，虽然我们意见不同，但一定能够解决。

我发现这个方法可以令孩子安定下来。

夫妇间的问题，并不是他人看来那么简单，有些时候可能真的解决不了。

但是作为父母，我们要保护孩子。希望两口子的争吵，不会对孩子的成长有严重影响。

所以夫妇应该有一个共同目的，就是无论两人多么激动，也要知道在屋檐下有孩子存在，要想尽办法，令孩子有和谐安定的生活。

许多家庭的例子证明，有了孩子，夫妇争吵会增加。

责任多了，时间少了，人也容易不耐烦，很小的事就会觉得很不满，又不可以把愤怒发泄在孩子身上，所以容易引起夫妇之间的争吵。

正如刚才说过，只要夫妇能够正面解决冲突，其实吵闹也可以帮助孩子学习如何与人相处。

有几种正面的解决方法可以作参考的：

夫妇要互相明白，其实大家都是同一个团队，有共同的目的，并不是敌人。所以意见不同，也要找到一个解决方法，互相让步，共同处理问题。

吵架时，千万不要用侮辱性的词语。要说什么，都要抱着善良之心去说。

要相信你的伴侣，并不是有坏心肠。可能是疏忽，或者就是这次做得不太好，要抱着理解之心和伴侣谈话。如果知道这次是自己不对，就坦承地道歉。

这些方法，如果能做好，对孩子的社交教育也有帮助。

无论如何，夫妇之间的吵闹，对孩子是有重大影响的。这个影响是正面或负面，我们当父母可以决定。

所以，虽然并不是一件容易的事，也要努力哦。

4.5

父母的工作态度对孩子的影响

有了孩子也不应放弃自己的梦想，这不仅是对自己人生负责任，也会影响孩子。我们对待工作的态度也是一样，"以身作则"这个词是很有分量的。

父母如果把工作放在第一而忽略孩子，孩子的童年会很寂寞。孩子需要父母的爱、教导和关怀。所以有了孩子，就不可以事事以工作为优先。工作可以换，孩子是换不了的。失去了教导孩子的机会，日后就很难补偿。所以我们要定一个适合自己家庭的工作方式。

除了这个问题之外，父母的工作态度对孩子将来的职业道德有非常大的影响。

根据美国心理学家 Derek 和 Baker 的研究，发现对孩子的职业道德影响最大的，就是他们的父母。

什么是职业道德呢？

他们定出三种职业道德，也可以说是工作的取向：

一、当工作就是工作：为了生活而工作。

二、当工作是事业：从中争取自我进步、成功和满足感。

三、当工作是一种呼召：觉得是天职，没有报酬也会乐意去做这工作。

如果父母下班回家后，时常埋怨如何讨厌自己的工作、想快点退休等，孩子就会觉得工作是很辛苦的事，只是为了吃饭才去工作。

但如果父母回家后，诉说如何享受他们的工作，而且得到满足感，达到一个成就，充分表示喜悦，那么孩子也会觉得工作是值得去追求的，相信成功之后会有很多回报。

如果父母回家后，表示他们的工作是多么有意义，不单可以赚钱生活，更对精神有很大的益处，还可以贡献社会。听了这样的话，孩子当然也会追求同样的道路。

哈佛大学的研究发现，妈妈对女儿的影响特别大，一个职业女性的女儿往往会成为成功者和高收入者。

那么如果我们想要孩子拥有正面的工作态度，应该如何教导他呢？

简单来说就是要以身作则。

如果你希望你的孩子把工作当作工作，然后在业余时间找寻自己的乐趣，那么第一种心态是可以接受的。

如果你希望你的孩子在工作上得到成功，争取名利，获得满足感，加强自己的能力，那么你也要有这种心态，孩子才会觉得这是正确的职业道德。

如果你希望孩子觉得为人服务或追求自己的兴趣是最重要的，工作与金钱报酬无关，那么第三个工作态度就是你的选择。

虽然以身作则是最好的办法，但如果我们没有选择的机会，也可以和孩子讨论这三种工作态度，让他们自己选择。为他指出其他模仿对象，让孩子具体地看到这三种不同的职业心态。

因为我的工作是艺术、教育和志愿工作，所以可以说属于第三种职业道德。

我觉得我的工作都是上天恩赐的，很幸运有这个机会表达自己和贡献社会。

我这个心态，影响我的孩子很深，他们都觉得对别人没有贡献的事，不是最有意义的事。

我的伴侣是我的工作伙伴，他是现实派，对工作非常认真，而且会追求成果。他事业成功，亦会在孩子面前表现出成功带来的好处。所以孩子也有受到爸爸影响。

现在大孩子有自己的公司，经营态度有点像爸爸，生意做得越来越好，每次得到成果，他就会非常兴奋，也有满足感。

二儿子比较像我。他是工程师，但他选择的工作都是对人有贡献的，他不在乎高工资，最注重的就是工作是否对这个世界有好影响。

三儿子是电脑科学家，在研究如何用 AI 帮助非洲的农民。将来他会如何选择他的职业，相信一定会受到我们的影响。

无论你抱持什么职业道德和想法，父母都应该敬业乐业，教导孩子有工作是一份恩惠。职业不分贵贱，可能现在做的工作你不太适合，但也比失业好很多。

所以我们应该用一颗感恩的心，迎接每天的工作。不怕吃亏，尽力而为。这样的工作态度，才能给孩子们树立好榜样。

我时常对孩子们说："如果人家希望你做百分之百的工作，你就付出百分之一百二十的努力。那么你做得好或做得不好，人家都会赏识你。"

我的工作态度就是这样的。

每当我接受了一份新的工作，我都会先与对方讨论。知道对方对我的要求后，我会尽量努力做好那件事，希望能超过对方的期待，工作做完之后，给对方一个惊喜。对方会觉得，陈美龄真的超过我的预想，和她一起工作，真棒！

无论工作大或小，这都是我的目标。

我的儿子们时常看着我这样工作，影响他们工作时也绝对不会偷工减料，而且会享受过程。

我觉得我这种职业道德，令我在五十多年来得到很多支持者和给我机会的人，我是非常感恩的。

我希望我这种工作态度，能够给孩子们一点影响，推动他们做一个敬业乐业和感恩的工作者。

对工作的不同态度，多少也决定了孩子会成为一个什么样的人，这也是我们这个课程的目的。我用我的知识和经验和你一起探讨，希望可以为孩子们、爸爸妈妈们做点贡献。

今天是最后一课，但我想我们的学习不会停止。谢谢大家。

图书在版编目（CIP）数据

让孩子面向未来：30堂家长必修课／陈美龄著.——
上海：上海三联书店，2024.5重印
ISBN 978-7-5426-7064-9

Ⅰ.①让… Ⅱ.①陈… Ⅲ.①家庭教育 Ⅳ.①G78

中国版本图书馆CIP数据核字(2020)第092859号

让孩子面向未来：30堂家长必修课

著　　者／陈美龄
责任编辑／职　烨
装帧设计／徐　徐
监　　制／姚　军
责任校对／王凌霄

出版发行／上海三联书店
　　　　　　(200041) 中国上海市静安区威海路755号30楼
邮　　箱／sdxsanlian@sina.com
联系电话／编辑部：021-22895517
　　　　　　发行部：021-22895559
印　　刷／上海普顺印刷包装有限公司

版　　次／2020年7月第1版
印　　次／2024年5月第4次印刷
开　　本／787mm×1092mm　1/32
字　　数／100千字
印　　张／7.375
书　　号／ISBN 978-7-5426-7064-9/G・1561
定　　价／35.00元

敬启读者，如本书有印装质量问题，请与印刷厂联系021-36522998